Felicien Maisha

Mbuma et ses hôtes, un dialogue interculturel impossible

Felicien Maisha

Mbuma et ses hôtes, un dialogue interculturel impossible

Éditions Muse

Cover image: www.ingimage.com

Publisher:
Éditions Muse
is a trademark of
Dodo Books Indian Ocean Ltd., member of the OmniScriptum S.R.L Publishing group
str. A.Russo 15, of. 61, Chisinau-2068, Republic of Moldova Europe
Printed at: see last page
ISBN: 978-620-3-86505-9

In memoriam

Arsène Mulondanyi Maisha (1968-2018) ce frère que le destin nous a subitement arraché. Tu seras toujours un repère pour moi et pour beaucoup des personnes que ta vie a impacté dans leurs parcours sur terre.

CONTENU

Préambule

Ce livre est un récit d'une rencontre entre un jeune africain d'origine congolaise et un autre jeune de culture anglo-saxonne, un américain. C'est une rencontre entre deux cultures qui semblent opposées car plein des choses qui semblent se rejeter mutuellement. Cette rencontre est un choc car constituée des incompréhensions. C'est le récit de la rencontre entre deux continents et deux peuples. L'Afrique a-t-elle à tout apprendre de l'Occident, ou de l'Amérique ? L'Amérique a-t-elle quelque chose qu'elle peut encore apprendre de l'Afrique ? L'auteur présente une série des faits puisés dans son expérience de voyage aux Etats unis d'Amérique surtout ceux liées aux difficultés d'adaptation à une culture étrange du pays hôte. L'Afrique quant à elle dans sa naïveté, sa pauvreté tend à croire qu'elle n'a pas de valeurs qu'elle peut transmettre au monde développé qui se déclarerait être le seul ayant des leçons qu'il peut inculquer au reste du monde. Mais une réflexion de ce genre n'est autre qu'une mégalomanie. Toutes les cultures, à commencer par les plus reculées et les plus primitives ont des richesses et des valeurs utiles capables d'inspirer les cultures les plus modernes surtout pendant cette période où la mondialisation est en train de connaitre son essor le plus rapide.

Ce livre raconte l'histoire d'un étudiant congolais, Mbuma et un jeune américain, Diva. Mbuma découvre l'Amérique, un monde diffèrent de son milieu naturel et comprend la maxime française selon lequel : « *à bon mentir, qui vient de loin* ». Son expérience avec la première économie du monde lui a révélé des secrets que les télévisions, l'internet et même les racontars des gens venant de l'autre côté ne pouvaient lui présenter car ces canaux de communication présentent chacun un aspectde son choix et parmi les plus percutants et les plus attrayants.

Diva est une jeune américaine qui occupe une place importante de ce livre. A travers sa rencontre avec Diva, Mbuma découvre l'Amérique sous un aspect difficile à
appréhender lorsqu'on est au loin des frontières du pays de l'oncle Sam. Par Diva, Mbuma a compris que l'éclat que présentent les grandes villes comme New York, Miami, Las Vegas ou Atlanta cachent au même moment une autre réalité toute à fait contraire. Par cette rencontre, Mbuma a compris que derrière les gratte-ciels se trouve un autre monde bien différent, un ensemble d'endroits où les conditions de vie ne sont pas très éloignées de celles de l'Asie du Sud, l'Amérique du Sud ou l'Afrique, ce continent considéré comme maudit à cause des conditions de vie bien malheureuses de la plupart de ses habitants.

Diva est aussi une image de ce qu'est le monde aujourd'hui en tant qu'une seule planète composée des personnes qui faisant face aux mêmes types de défis tant bien au nord de l'hémisphère qu'au sud : les mêmes irrégularités, parfois les mêmes conditions d'inégalités que les pouvoirs publics ne sont pas en mesure de satisfaire.

Le problème est que lorsqu'on est au sud, on est exposé aux images bien filtrées qui pullulent les médias du nord ne permettant pas que ceux du sud puissent avoir un avis contraire. Ils ne s'imaginent pas un seul instant que ceux qui vivent au nord peuvent aussi, dans les circonstances qui sont les leurs faire face aux conditions difficiles proches ou similaires à celles du sud.

Mbuma a compris aussi que les américains sont aussi des personnes qui accordent beaucoup d'importance aux fêtes car ils les organisent presque au quotidien en y consacrant des budgets énormes. Ce récit exploite ce sujet présentant les fêtes américaines surtout en abordant l'aspect culturel. L'auteur fait aussi la comparaison avec les fêtes célébrées en Afrique.

Chaque journée fériée (surtout parmi les congés fédéraux) est une occasion pour faire des dépenses au niveau des entreprises et au niveau familial. Il est possible que l'Américain dépense plus du tiers de ses revenus lors de ces journées festives. Différemment de ce qu'on trouve chez lui où les journées fériées sont uniquement des jours de méditation sinon des jours où les détenteurs du pouvoir profitent pour obliger les citoyens d'effectuer des défilés non pas parce qu'ils sont contents de l'évènement mais plus tôt par crainte de se voir inquiétés pour n'avoir pas chanté et dansé pour leurs timoniers qui ne reconnaissent avoir presque aucun devoir à rendre à leurs peuples.

En Amérique, les grandes fêtes commencent par celle de l'indépendance en Juillet, puis le Halloween en Octobre par pour aboutir aux fêtes de fin d'année dont la Thanksgiving qui prend presque toute une semaine pour chuter par Noël ou Christmas.

Noël est une fête chrétienne mais qui aux Etats unis semble avoir perdu son sens chrétien car sa partie séculière est plus grande et draine derrière elle toute la société américaine qui la considère comme une tradition ou un rite ancestral commémoratif du passé chrétien des américains.

Ce livre enfin aborde des sujets culturels divers qui touchent la vie américaine vue par une personne étrangère à la culture et qui frappée d'étonnement, essaie de comprendre ce style de vie qui ne lui est un peu moins familier. Après différents constants, l'auteur arrive à la conclusion selon laquelle toutes les cultures renferment des valeurs qu'elles peuvent se communiquer pour s'enrichir mutuellement tel que le reconnaissent les anthropologistes actuels. Contrairement à ce qui se disait par les chercheurs du nord autrefois, attribuant leurs culture au-dessus de la mêlée aucune culture ne peux se prévaloir d'être supérieure car dans toutes les cultures, qu'elles soient occidentales ou modernes, on y observe toujours des pratiques qui ne peuvent pas être comprises dans un contexte culturel différent. Personne n'a le droit de critiquer une pratique culturelle d'un peuple différent car c'est souvent par ignorance qu'on est prêt à juger ou à condamner ce que font les autres. Nous pouvons au contraire apprendre les uns à partir des autres que nous soyons du sud ou du nord.

1. Seul face à tous

Il se peut que la plupart des voyages effectués par Mbuma aux Etats unis ont été fait à une période où le climat était plus agréable c'est-à-dire, vers la fin de l'été. Il était marqué par l'habillement surtout celle des jeunes américaines comme il venait fraichement de l'Afrique subsaharienne sans avoir transité dans d'autres parties du monde. Il savait que l'Amérique, en tant que pays, était un endroit de la liberté par excellence mais il ne savait pas jusqu'à quel extrême les américains pourraient exprimer leur liberté. Il savait aussi par exemple qu'en Afrique dans les grandes cités, chaque tenue vestimentaire avait sa signification et un moment précis . Dans les villages africains dominés par l'observance stricte des normes coutumières fondees sur le respect des normes culturelles et la tradition ancestrale par contre, le choix vestimentaire n'était quasiment pas possible car tous les villageois savaient ce qu'ils doivent et ce qu'ils ne doivent pas porter selon le respect des valeurs culturelles locales.

En arrivant dans cet autre monde, notre étudiant africain avait trouvé le contraire : l'habillement n'a pas le même sens parce que là-bas on s'habillait comme on voulait peu importe le lieu où on se trouvait. Il n'y avait presque pas de tenue de bureau, de l'auditoire ou de la classe, de l'église, de sport ou celle de l'intérieur, celle qui ne devrait pas sortir de la maison. Tout se portait partout et n'importe quand. Pour cet africain qui avait été formé durant tout son jeune âge qu'il devrait veiller sur sa tenue avant de sortir de la maison afin d'être sûr que celle-ci était inoffensive (pas contraire aux bonnes mœurs) et présentable (qui suppose un respect de soi et des personnes qu'on va rencontrer), le mode vestimentaire américain était un véritable choc car de loin différent de ce qu'il était habitué à voir dans son petit coin et ce qu'il avait appris dans sa propre culture. Pour cela, deux mentalités se croisaient et deux cultures se froissaient sans faire grand bruit.

1.1. La frénésie derrière la culotte

Au Congo et en Afrique en général, la culotte est une tenue de chambre tolérable à l'extérieur pour certaines circonstances notamment pendant l'exercice du sport, dans une circonférence très réduite autour de la maison (avec les seuls intimes) et quelques fois pour des travaux gênants pour le pantalon. Cependant aujourd'hui en ville, il est possible de voir le port des culottes pendant le weekend lorsqu'on n'est pas supposé se rendre au lieu du travail et qu'on se repose ou on fait de petites ballades non loin de la maison. Pour les américains au contraire, la culotte est la tenue qu'on voit chaque jour et partout. En Afrique chrétienne, le type de culotte qui se voit est presqu'un pantalon parce que la plupart de fois dépassant les genoux.

Au pays de l'oncle Sam par contre, la culotte au lieu d'être l'exception est devenue la regle. Et, il y a culotte et culotte, car les culottes qu'on y voyait en public sont de loin incomparables à celles décrites en haut car elles étaient similaires aux caleçons surtout celles que portaient les femmes car elles pouvaient à peine couvrir le tiers supérieur de la cuisse. Parfois elles laissaient nue la proéminence inferieure de la fesse et le caleçon était plus longue que cette culotte et faisait protrusion vers le bas. En Afrique subsaharienne, un tel habillement est quasi inadmissible car jugé non seulement indécent mais aussi provocateur et contraire aux bonnes mœurs. Aux pays musulmans, il attirerait les foudres à sa porteuse. Mais comme ici tout ce qui se fait doit avoir une urtication scientifique, déjà en 1926, un chercheur américain, Georges Taylor avait déjà trouvé une justification scientifique encourageant le port de la minijupe. Son exposé était d'ailleurs économique car il a prouvé que le port de la minijupe concordait avec la période du boom économique alors que les longues robes se portaient pendant la période de récession, la période où l'argent est rare dans les ménages. Son postulat avait valu une loi connue sous le nom de la loi de l'ourlet par référence à la bordure inférieure d'une jupe ou d'une robe: l'ourlet montait pendant la période florissante de l'économie et il descendait lorsque l'économie se détériorait (Baardwijk &Franses, 2010). Cette publication a certainement influencé les femmes à préférer les jupes et les robes courtes ainsi que les petites culottes pour ainsi appeler la richesse car le contraire était associé à la pauvreté. L'économie de chaque pays selon la loi de Taylor peut être évaluée par le style d'habillement des femmes et jeunes filles de ces pays. Plus on voit les ourlets bien en bas vers la cheville plus le pays est pauvre, plus l'ourlet monte au-dessus du genou, plus on espère être dans un pays économiquement riche. Avec une telle théorie, qui ne pourra pas se méfier deshabits longs?

En plus de ces morceaux d'habits, Mbuma pouvait croiser en plein centre-ville, dans des supermarchés, des jeunes gens torse nu en train d'effectuer leurs achats calmement sans pouvoir se reprocher de quelque chose. Ailleurs, sous d'autres cieux, on critiquerait cette attitude et certaines personnes arriveraient à la conclusion hâtive comme c'était le cas de Mbuma qui pensait qu'on ne peut rencontrer un homme torse nu dans un supermarché ou un autre marché public que s'il avait des problèmes nécessitant un suivi en psychiatrie dans un contexte purement africain.

A l'université, il pouvait croiser des jeunes étudiantes à moitié nues qui se baladaient librement, sortant ou entrant dans des salles de classe et avec une conscience totalement tranquille. Ce qui lui rendait malheureux est qu'il était le seul à ne pas comprendre, le seul qui trouvait ces tenues bizarres et inappropriées pour l'environnement scolaire et académique. Pourtant, il n'osait pas exposer son étonnement craignant qu'il ne soit harangué par tout son entourage en commençant par ses formateurs. En effet, personne d'entre eux ne trouvait quelque chose d'inappropriée dans cette façon de s'habiller en public. Au contraire, tout le monde était à l'aise et s'affairait à s'occuper d'autres choses que cet aspect. Lorsque Mbuma se retirait chez lui le soir, il revoyait les scènes du jour et les observations chez les américains et les comparait à ce qu'il savait de l'autre côté de l'océan Atlantique.C'était étrange, presque inadmissible !

Il s'était rappelé comment un jour alors qu'il était étudiant en 2001 dans son pays, dans la troisième grande ville, une ville où il fait extrêmement chaud avec le thermomètre qui atteint facilement 30 à 35°celcius mais pour avoir porté en cette ville, une chemise sans manches, il avait été interpellé et interrogé par la police pour port d'une tenue inappropriée en public.

Son interpellation ce jour-là allait virer au scandale surtout qu'il s'y attendait le moins. Très jeune, avec le sang chaud, il voulait défier la police de la ville en bravant la menace portée sur lui. Heureusement il a vite compris que dans un pays aux rebellions récurrentes, il est sage de ne pas hausser le ton afin de préserver son intégrité physique. En usant de sagesse en parlant aux agents, il a eu la chance de sauver sa peau et de pouvoir revenir à la maison indemne.

1.2. Pourquoi porter les habits ?

Il est probable que l'idée de porter les habits rime avec la protection contre les intempéries comme le corps humain est de nature fragile et incapable de supporter les variations climatiques. La Bible quant à elle, donne une autre version de la nécessité du port des habits par le premier couple humain. Loin d'être une raison de protection contre les intempéries, la Bible parle plutôt de la « *couverture de la nudité* ». Lorsque nous considérons les deux approches, nous comprenons que l'habillement n'est pas juste pour protéger la peau, mais aussi pour garantir une certaine intimité c'est-à-dire qu'on ne devrait être en principe ''nu'' que devant une personne qui nous est intime ou dans une circonstance exceptionnelle bien particulière. Pourtant lorsqu'on voit ce qui s'observe au pays de la liberté, les habits sont de plus en plus utilisés juste pour la première raison, pour protéger la peau contre les intempéries et non pour garder l'intimité. On s'habille selon la météo du jour et on le suit à la loupe. Il suffit que la météo dise que la journée sera ensoleillée ou que la température sera au-dessus de 20 degré Celsius pour que la route soit toute pleine des bikinis et des torses nus.

Lorsque la météo annonce des températures basses ou des pluies, alors vous verrez des gens plus ou moins habillés entièrement et cela juste pendant la période concernée par le mauvais temps. La question de l'intimité est presque vétuste et abandonnée car on a l'impression que le port d'habits devient un gène insupportable à plusieurs personnes. La seule intimité qui est restée pour les adultes masculins c'est l'organe génital qu'on ne peut pas dévoiler en public et pour les femmes, ce sont les pointes des seins (mamelons) et le sexe. Toutes les autres parties du corps relèvent de la vie publique et sont découvertes en classe, à l'église, au marché, sur la route et partout ailleurs.

Pourtant il y a juste quelques années, avant le contact avec le monde occidental, plusieurs régions du monde se méfiaient des habits et ne se contentaient que de cacher l'organe génital externe que ça soit chez les hommes ou les femmes. A cette époque, les seins ne faisaient pas parties des organes génitaux dans ces civilisations et on pouvait voir des femmes et des jeunes filles se promener librement le torse bombé avec des seins pointus bien dressés au milieu de la poitrine ou pendants avec l'âge et le nombre d'accouchements. Les occidentaux véreux qui venaient tantôt en explorateurs, tantôt en missionnaires et enseignant de la bonne culture, celle qui inculquait la bonne façon de vivre et qui considérait tout ce qui se pratiquait localement comme étant si pas sauvage, alors dépassé et indigne. Pour eux, il était inadmissible que les populations autochtones se présentent sans ambages avec un habillement sommaire et en vivant presque sans aucune notion de pudeur. Il fallait les obliger au changement des mœurs et à l'imitation intégrale de l'homme qui venait de loin. Ce sont ces mêmes personnes qui ont rejeté la culture de l'habillement et qui
considèrent aujourd'hui les habits comme un fardeau qu'il faut abandonner au plus vite. Qui sont alors venus exhorter à nos grands-parents de s'habiller en leur disant qu'ils n'étaient pas différents des animaux en se promenant à moitié nus ? Des martiens ? Non, ce sont ces mêmes gens qui visiblement sont fatigués par les habits. D'où vient qu'aujourd'hui ils se sentent mal à l'aise de porter les habits en public ? D'où vient qu'ils trouvent normal aujourd'hui qu'une adolescente ou un adolescent soit assis à moitié nu devant ses parents au salon, ou que les jeunes gens se rendent en classe en maillot de corps sans que cela ne soit trouvé immoral par les autorités scolaires ou académiques ? D'où vient que les jeunes filles mal habillées puissent s'assoir nonchalamment en classe exhibant leurs petites culottes internes à l'enseignant et aux autres collègues sans que cela ne soit jugé d'immoral. C'est encore eux qui ont amené les notions de moralité dans plusieurs civilisations du monde. Il n'y a pas longtemps on parlait aussi dans cette civilisation de l'habillement décent pour désigner un type d'habillement qui rime avec la moralité mais aujourd'hui le terme décent n'a presque plus aucune signification car ne fait allusionà rien dans cette civilisation post moderne.

L'anthropologue William Gass (1981: 53) décrit la façon dont ses collègues occidentaux présentaient les populations indigènes en ces mots : « les indigènes, ces bouts d'hommes, distants, personnes qu'on trouve dans la jungle et les îles. Même nos plus respectables journaux pouvaient les présenter nus sans aucun reproche parce que leurs seins pendants ou pointus étaient considérés comme inhumains pour nous, ainsi comme on considère les cornes d'une vache. Un peu après nous sommes revenus à notre bon sens et nous les montrions finalement habillés ». Gass insiste au fait que les Occidentaux se voyaient supérieurs autrefois mais avec le temps cette présomption est devenue une charge sur leurs épaules dont ils voudraient se libérer lorsqu'ils se sont rendus compte qu'eux-mêmes avaient d'autres fardeaux les empêchant de mieux juger les autres. C'est pourquoi le ressentiment a succédé à l'orgueil pour ceux qui ont fait travailler leurs consciences concluait cet auteur.

1.3. Le retour aux temps primitifs

Il est surement clair que le monde est en train de retourner d'où il vient c'est-à-dire à l'époque du nudisme. Il est vrai qu'actuellement les naturistes ne sont pas encore autorisés de se promener librement en public. Il se peut qu'avec le dégout du mode traditionnel d'habillement exprimé d'une façon ou d'une autre et qui s'observe de plus en plus dans les sociétés dites « modernes et civilisées » et qui est toléré et mêmeadmiré par les autorités politiques et religieuses, les habits vont disparaitre graduellement. Aujourd'hui, l'exhibitionnisme voilé bat son plein et part de l'Occident pour envahir graduellement toutes les régions du monde. Le concept 'sexy' de plus en plus en vogue en dit plus parce que ce qui est sexy est considéré être à la mode et jolie. Dans un proche avenir, il est possible qu'il ne soit plus obligatoire de porter les habits et on pourra laisser ceux qui veulent se promener à poils de bien pouvoir le faire et qui sait s'il ne sera pas obligatoire dans certaines circonstances ou certains endroits de se présenter en tenue d'Adam ? D'ailleurs aujourd'hui, dans plusieurs pays il y aurait des gens (hommes et femmes) qui n'attendent que des telles lois soient votées afin qu'ils/elles se sentent plus libres et épanouis. C'est le cas de ….

1.4. Le paradoxe de l'exhibitionnisme qui reste très criminalisé aux Etats unis.

Au pays d'origine de Mbuma, les parties intimes sont prises au sens large et ne concernent pas seulement les organes génitaux. Certes, l'exposition au public de ces parties intimes est condamnée et constitue un acte que l'on condamne par les lois en vigueur dans presque tous les pays africains. Dans les pays musulmans la rigueur est encore plus sérieuse. Dans ces pays, les habits qui collent le corps et ceux qui dévoilent les parties considérées comme intimes sont considérés comme exposant violences sexuelles. C'est pourquoi dans un pays comme le Burundi, une loi criminalisant le port des habits indécents (allusion surtout aux mini jupes) a été votée par le sénat en Aout 2016, pourtant le Burundi n'est pas un Etat musulman. Il est pourtant surprenant de voir qu'au pays où les habits deviennent de plus en plus considérés comme encombrants et que cela parait normal et admiré par la majorité surtout parmi les plus jeunes, on réprime violement l'exhibitionnisme qui dérange jusqu'à être considéré comme un crime grave. Pourtant lorsqu'on voit la tendance de la société, on se dirige graduellement vers une période de quasi nudité. Pourquoi alors tolérer d'autres déviations et être très sensible à l'exhibitionnisme qui serait aussi considéré comme un droit à la liberté de se découvrir comme tant d'autres libertés qu'on est en train de promouvoir dans cette partie du monde, se demandait Mbuma ?

Voici par exemple un de ces messages de la police universitaire de Floride du 14 Juin 2016 préoccupée par un cas d'exhibitionnisme jusqu'à lancer des sérieuses recherches et alerter toute la population riveraine de cette Université. N'est-ce pas unparadoxe ?

L'incident se passe sur une route passant dans l'enceinte de l'université de Floride dans la ville de Gainesville. L'individu recherché par la police universitaire a été décrit par une plainte présentée à la police par une personne se décrivant comme une victime de cet acte d'exhibitionnisme. La police, pour faire l'enquête et chercher à maximiser les chances de retrouver le présumé auteur de l'acte a envoyé aux habitants de la ville le message avec les éléments en sa disposition pouvant l'aider dans sa recherche :

« *Le département de police de l'université de Floride est actuellement en train d'investiguer sur un cas d'exposition des organes sexuels. L'incident est arrivé vers 16h aux environs de Newell drive et la rue Inner. Le suspect était décrit comme étant un noir dans sa vingtaine, gros et portant une chemise gris sombre. Le suspect avait une courte chevelure et barbu. Il avait aussi un tatouage dont la forme n'était pas identifiée sur son bras gauche. Le suspect était à bord d'une Honda Civic ou Accord de couleur sombre. Le suspect conduisait lentement à la limite sud dans la zone de la librairie de science Marston sur Newell Drive lorsqu'il s'est exposé lui-même au témoin. Après s'être exposé, le suspect a effectué un virage à l'Est sur la rue Inner et a laissé le campus.* »

Le département de police de l'université de Floride a fait des recherches dans les environs, mais était incapable de localiser le suspect ou son véhicule. Si quelqu'un, concluait l'avis de recherche de la police, a une information quelconque concernant ce cas, qu'il veille contacter le département de police de l'université de Floride au 352-392-1111.

Mbuma, avait l'habitude de lire des messages de ce genre venant de la police et se demandait pourquoi un tel acharnement pour cet acte dans un pays où les habits sont en train de perdre de plus en plus de valeur et de teneur. L'exhibitionnisme, il est vrai, est un délit qui nécessite d'être réprimé. Mais lorsqu'on ne décourage pas les habitudes qui tendent de plus en plus à banaliser le port des vêtements, il y a lieu de se demander pourquoi un exhibitionniste serait recherché avec une aussi grande ténacité parce qu'il se peut que les exhibitionnistes ne font rien que prouver qu'ils sont macho et qu'ils ont compris que la société dans laquelle ils vivent aime ce qui est 'sexy' pour finir vers un monde de la nudité totale. Peut-être, ils veulent aussi jouir de leur liberté de se découvrir et d'exposer les parties intimes de leur corps au public selon qu'ils en tirent un certain plaisir.

En Afrique, la plupart des pratiquants de l'exhibitionnisme se retrouvent parmi les personnes ayant des problèmes mentaux graves et avant de les référer à la police, c'est d'abord aux centres psychiatriques qu'on les rapporte afin qu'on les examine d'abord et qu'on les soigne au préalable car la majorité est bel et bien malade. Mais dans les pays qui banalisent de plus en plus les vêtements, le paradoxe fait que la police s'acharne sur les personnes qui sont probablement malades et qui ont bien besoin d'une prise en charge psychiatrique plutôt que la prison. Les personnes qui rapportent les faits et qu'on appelle victimes semblent aussi être obligées de le faire parce qu'elles risqueraient d'être poursuivies par la justice pour n'avoir pas dénoncé le fait. Pourquoi ne pas éduquer la communauté en général sur l'importance du port des vêtements, la pudeur, le respect de l'intimité ou redéfinir les notions de la moralité ? Comment définit-on l'immoralité ici ? S'interrogeait encore Mbuma.

1.5. Une centaine de femmes avec un message insolite à la Convention Républicaine d'Ohio.

En prélude de la Convention Républicaine de 2016, 100 femmes pour contester le candidat républicain Donald Trump, ont choisi d'enlever les habits et de poser nues devant le complexe qui devrait abriter la Convention au lendemain. Ces femmes que le photographe Spencer Tunick a photographiées n'ont pas trouvé une autre façon de marquer leur désaccord à la candidature du milliardaire populiste qu'elles accusaient d'avoir peu d'égard pour les femmes. La forme d'expression qu'elles ont choisie était celle de se dénuder totalement exhibant organes génitaux et seins devant ce photographe qu'on appellerait dans un autre contexte comme une victime de l'exhibitionnisme. Elles ne se sont pas arrêtées là car ce cliché a été pris non pas pour être gardé en privé, mais pour être étalé au monde entier. En effet les images de ces femmes nues ont été publiées par plusieurs journaux sans qu'elles ne soient brouillées. Personne n'a condamné ces femmes pour cet acte délibère ni même leur photographe qui a choisi de prendre ces images qu'on qualifierait d'obscènes. D'ailleurs lui n'était pas à son premier forfait car farouche défenseur du nudisme, il avait réussi à dévêtir dans un pays de l'Amérique latine environs 6000 femmes qui ont posé devant lui selon certains médias. A Ohio, tout le monde trouvait que c'était logique qu'une centaine des femmes exposent leurs nudités au monde entier soit disant pour adresser un message au parti républicain. Ce geste aurait-il changé quelque chose dans la politique républicaine ou la façon de son candidat d'entrevoir les choses ? Nullement pas. C'est au contraire le message du photographe qui a été bien suivi. Pour lui, il n'est pas normal qu'on laisse les gens se procurer des armes (ce qui est aberrant pour lui) et qu'on interdise à d'autres le droit d'être nu en public. Selon lui, l'exhibitionnisme n'offense personne et ne devrait pas être criminalisé, au contraire le gouvernement [américain] devrait plutôt règlementer ou quasiment interdire le port d'armes concluait la pensée du photographe provoquant le courant républicain traditionnel qui défend à mort le droit de se protéger par le port d'armes par la population civile.

1.6. L'église prise au piège

Une église normale devrait être celle qui protège la mentalité et les mœurs des gens en veillant sur la qualité de ses enseignements. Malheureusement il est rare aujourd'hui de trouver une église saine qui se démarque de la situation politique de son pays. En effet, toutes les églises ou presque sont politisées et attendent les instructions qui proviennent des politiques. La neutralité de l'église devient de plus en plus rare car les enseignements revêtent la coloration du mouvement politique et de la tendance en vogue. Au lieu que les gens se conforment aux enseignements de la parole de Dieu, ce sont plutôt les ministres du culte qui cherchent à s'adapter aux nouvelles ''vagues'' en suivant leurs adeptes titrés où ils vont dans leurs folies. Il n'est plus question de réprimander les gens mais essayer de dire aux gens ce qu'ils veulent entendre afin qu'ils soient toujours motivés de fréquenter les églises et d'apporter assez régulièrement de leur argent ce qui permet ainsi aux églises de grandir économiquement et financièrement et garder une influence notable au sein de la société. Beaucoup d'autres choses (en dehors de la question d'habillement) considérées comme peu recommandables comme ce qu'on classait comme faisant partie de la perversion sexuelle (homosexualité et autre désorientation sexuelle dont la pédophilie), les homicides volontaires et suicides, le blanchissement d'argent ne sont plus des éléments nécessitant une attention particulière pour les ministres de la parole de Dieu. On ne sait plus comment on définit la morale dans plusieurs sociétés car presque toutes les choses considérées comme immorales il y a quelques temps sont acceptées et approuvées par tous. L'église est aussi finalement divisée autant la société est divisée sur certaines questions vitales qui affectent la société. Elle se trouve dans une certaine mesure obligée de revenir à ses enseignements traditionnels pour intégrer les nouvelles valeurs sociales au nom de la tolérance et de l'amour du prochain.

2. L'Afrique faible revendique ses valeurs, pourrait-elle les imposer ?

L'Afrique est le plus fragile de tous les autres continents. Sa fragilité repose sur sa faiblesse économique et sa dépendance financière du reste du monde. Tant que l'Afrique ne pourra pas acquérir son autonomie financière, elle ne pourra pas être en mesure de s'imposer ou d'imposer ce qu'elle considère comme ses « *valeurs* » au reste du monde. Au contraire, ceux qui apportent différents appuis à l'Afrique y amènent aussi leurs propres « *valeurs* » ou « *antivaleurs* » pour les Africains. C'est pourquoi l'Afrique observe impuissamment comment les normes et idéologies définies ailleurs lui sont imposées sans qu'elle ne puisse nécessairement y adhérer librement parce que forcé du fait de sa dépendance économico-financière. Le cas de l'union Africaine dont le budget est à plus de la moitié financée par l'aide extérieure est un exemple patent. Certaines statistiques indiquent un financement externe de l'ordre de 93% et les 7% restants par les états membres dont certains ont du mal à cotiser selon Joseph Chilengi, Président du Conseil Economique, Social et Culturel de l'Union Africaine de passage au Cameroun en Mars 2015(Camer, 2015).

Comment une organisation dont l'un des objectifs est de défendre la souveraineté Africaine peut-elle survivre grâce à la politique de la main tendue ? Quelle souveraineté aura-t-on si financièrement nous dépendons des partenaires? Or, ceux qui financent ont le droit d'appuyer les secteurs qui les intéressent. Ils peuvent aussi à leurs guises édicter leurs politiques pour être sûr que l'argent qu'ils donnent fait des choses qui intéressent leurs états et promeut leurs valeurs. Pour ça, l'Afrique demeureune victime de ses partenaires bilatéraux et multilatéraux. Un des grands contributeurs locaux de l'union Africaine, la Lybie a été minutieusement détruite et rendu ingouvernable par les puissances occidentales dont la France et la Grande Bretagne, une façon pour eux de maintenir de plus en plus l'Afrique à genou. Les Etats unis sans avoir bien compris la politique européenne derrière la guerre a soutenue aveuglement ses deux alliés occidentaux dans cette guerre. D'ailleurs le président américain Barack Obama aurait déclaré à Fox news que sa decision d'intervenir en Lybie était la plus grave erreur de sa carrière vu les conséquences de l'inaction qui a suivi l'assassinat du président Kadhafi publiait le figaro dans sa manchette du 11 Avril 2016. Malheureusement pour occidentaux et américains, leur intervention a créé un foyer d'incubation pour DAESH qui s'est retourné contre

eux. Aujourd'hui ils se plaignent que la Lybie est devenue un danger pour la sécurité du monde. Kadhafi qui pouvait même financer les élections en occident (cf. dossier Sarkozy) tout en maintenant une économie florissante dans son pays avait été la cible de ceux qui mangeaient son pain sans se reprocher dans un passé non lointain.
Diabolisé par les grands de ce monde, il n'a pas eu même la chance de finir en prison comme Moubarak ou Laurent Gbagbo, mais il a sauvagement et lâchement été assassiné comme un grand terroriste à l'instar de Ben Laden, le tristement célèbre planificateur des attentats du 11 septembre 2001. Les français et les britanniques n'ont pas eu le courage d'avouer que la guerre en Lybie était plus celle du positionnement géostratégique et non un combat pour la démocratie.

L'autre faiblesse de l'Afrique réside dans l'incapacité actuelle de ses leaders à pouvoir s'unir et parler d'une seule voix. Leurs incapacités à promouvoir la démocratie pour laquelle ils se réclament et à défendre les valeurs socio-culturelles africaines. Les dirigeants occidentaux sachant cette faiblesse encouragent les tripatouillages d'état à état afin de maintenir leur influence coupable sur ce continent qui n'a que trop souffert et qui pourtant pourrait mieux jouer son rôle dans le rafraichissement de notre vieille planète. Le peuple africain, victime de sa naïveté observe impuissamment la descente aux enfers dont souffre son économie, la politique de ses leaders egocentriques et la lâcheté de leurs complices occidentaux incapables de sacrifier leurs intérêts égoïstes en faveur d'une société africaine plus épanouie économiquement et jouissant des vertus démocratiques et de la pratique dudroit qui garantit la paix et la concorde des états.

3. Un bond en arrière

L'Afrique est probablement parmi les continents où la forme moderne de l'habillement a été introduite grâce aux explorations européennes. A l'époque, les africains étaient vus comme des êtres inferieurs et d'ailleurs souvent considérés comme proches aux animaux. Ils étaient traités de sauvage par ces explorateurs dont certains étaient des missionnaires censés venir prêcher et évangéliser le continent. Ce n'est pas sans résistance que les Africains de l'époque ont accepté ce nouveau style de vie qui leur était presque imposé au nom de la civilisation. Il faudrait en effet s'habiller et adopter le style de vie des explorateurs et missionnaires blancs qui sont vite devenus des colonisateurs comme tant d'autres.

Il est déplorable de voir que plus de 100 ans après, la situation est en train de changer et l'Occidental plus civilisé se rend aujourd'hui compte que le style vestimentaire traditionnel n'est plus à observer mais qu'il faut retourner à la phase préhistorique, c'est-à-dire l'époque du cache-sexe en prévision de l'ère du nudisme total qui ne tardera plus d'arriver et dont le photographe Spencer Tunick est un disciple acharné. Certains peuvent ne pas vouloir admettre le terme '*cache sexe*' aujourd'hui car en effet ce nom rime avec la société archaïque, pourtant ce qu'on voit dans les plages, les piscines publiques, sur les routes occidentales et surtout américaines ne sont en aucun cas différents de ce que les missionnaires et autres colonisateurs européens ont à l'époque considéré comme style vestimentaire indigne et déshonorant car propre aux peuples primitifs et assimilé au monde sauvage. Il y a quelques temps même en Occident ces tenues étaient seulement acceptées dans un contexte très restreint et particulier dans un environnement où l'intimité était garantie. A cette époque le terme pudeur avait encore tout son sens. En effet, le mot pudeur selon le dictionnaire Larousse (2016) est la disposition à éprouver de la gêne devant ce qui peut blesser la décence, devant l'évocation de choses très personnelles et, en particulier, l'évocation de choses sexuelles.

On a comme l'impression que cette disposition a perdu sa valeur et tend de plus en plus à disparaitre dans les sociétés dites modernes et surtout américaines.

Actuellement, tout est permis à la place publique, on ne sait plus distinguer ce qui est d'ordre moral et qui serait qualifié d'immoral. Qu'est ce qui est pudeur car il arrive qu'on voit des jeunes gens (filles et garçons) en pleine rue en train de se balader avec des pantalons qui tombent de temps en temps parce que la mode exige ces jeunes de porter les pantalons qui tombent de soi sans que les porteurs ne se reprochent et ne se considèrent comme posant un acte immoral qui enfreint à la règle de la pudeur. Ces mêmes garçons se permettent d'aller à l'école de cette façon tenant d'une main le pantalon qui tombe de soi et de l'autre le sac contenant les objets classiques.

Curieusement ce comportement n'inquiète en aucun cas les autorités scolaires qui laissent ces jeunes la plupart adolescents eux-mêmes se comporter comme ils veulent oubliant qu'ils ont besoin des orientations pouvant les aider à prendre les bonnes décisions. Devenus adultes, ces jeunes eux aussi adoptent le même style d'éducation faire ce qu'il veut dès le bas âge au nom de la liberté. Pourquoi alors avoir traité les africains et autres peuples primitifs de sauvages pour se résigner plusieurs décennies après ? L'Afrique a de la peine à pouvoir retourner au style archaïque qui devient à la mode dans le monde occidental. Les Africains pensent avoir maitrisé la leçon sur l'habillement et la pudeur et ne sont pas prêts à revoir leurs leçons de moral pour redéfinir et requalifier les choses.

Comme dit précédemment, l'Afrique a néanmoins un problème du fait qu'il continue à tendre la main vers l'Occident qui profite de cette faiblesse avérée pour imposer son idéologie, ses principes et ainsi que toutes ses dépravations entretenues au nom de la promotion de la liberté. Les dirigeants Africains devraient se relever et réveiller le panafricanisme, cette idéologie prônée par Nkrumah, Sékou Touré, Lumumba et les autres pour défendre haut et fort les valeurs qui désormais sont Africaines et ne pas céder au chantage de l'occident qui vraisemblablement tend à échoué sur plusieurs fronts et de ce fait ne peut plus continuer à revendiquer le droit d'être le model qui doit être copié à l'aveuglette.

4. Le concept de liberté mal compris pour un outsider.

Il est vrai que tous nous naissons avec une identité biologique qui nous détermine et nous poursuit jusqu'à la mort. Les humains ne sont en rien différents des autres animaux que par le fait qu'ils ont un cerveau plus élaboré en mesure d'effectuer des raisonnements permettant de résoudre des problèmes plus complexes, de penser, d'inventer, de planifier et même d'établir des formes de communication les plus extraordinaires. Nous naissons mâles et femelles comme les autres animaux, je voulais dire et ceci pour toute la vie. La nature a fait que personne à la naissance et pendant les premières années de sa vie, ne soit en mesure de prendre conscience de ce qu'il/elle est exactement. C'est au fur et à mesure qu'on grandit qu'on découvre peu à peu qui on est avec l'aide de nos parents et de notre entourage qui nous facilite la tâche. A l'âge de la révolte qui précède la maturité, certains décident, poussées par l'influence de plusieurs facteurs dont certains sont internes comme les hormones et d'autres externes comme un mauvais entourage qui pousse vers le mal amènent ces jeunes gens à refuser ce qu'ils sont biologiquement, pensant qu'ils/elles ne sont pas ce qu'ils/ elles devraient être. C'est ce que j'appelle ici l'auto-négation qui conduit à la destruction du soi. Malheureusement cette destruction est parfois irréversible et laisse des stigmates indélébiles et parfois fatals. C'est une conséquence de l'individualisme à outrance de la société occidentale qui valorise l'exaltation du soi au détriment de 'autrui'. On ne vit que pour soi et pas pour l'autre et on tombe dans l'égoïsme et l'isolation. Avec une telle pensée, l'homme (Berdiaev, 1985 : 41) isolé en soi et intérieurement vidé devient esclave des forces élémentaires non pas supérieures, surhumaines, mais inferieures, inhumaines.

La liberté occidentale qui est allée s'épanouir aux Etats-Unis a probablement aboutit à la dérive. Les gens, à force de manquer d'autres revendications à adresser à leurs gouvernements, ont finalement commencé à revendiquer le droit à la perversion dans tous les sens du terme. Gunn & Fernandez (2012 : 194) affirment que le problème de libertinage qu'on voit dans le monde occidental surtout aux Etats-Unis pour leur cas est le résultat de la reforme dans l'éducation. Pour eux, l'Amérique a adopté un modèle d'éducation qui laisse toute la responsabilité à l'Etat au détriment des parents. C'est ce qu'ils appellent le modèle *grec* d'éducation s'appuyant sur la doctrine du gymnasium qui signifie littéralement '*endroit où on doit être nu*'. Les enfants grecs selon cette doctrine, abandonnaient leurs familles pour aller rester à l'école nus autant que leurs enseignants en s'exerçant à l'athlétisme et la philosophie surtout en ce qui concerne les jeunes garçons. C'est de cette façon que nos deux auteurs pensent que les Etats-Unis ont échoué en laissant l'éducation des enfants et celle des jeunes entre les mains de l'Etat qui n'a aucune morale à les enseigner. Les enfants qui grandissent dans ce système n'ont besoin du conseil de personne car ils grandissent avec une idée d'indépendance et d'autosuffisance. Après plusieurs décennies d'une education copiée à ce modèle et l'émergence des mouvements et courants politiques en faveur du libertinage qui encourage la dépravation des mœurs, il n'est pas surprenant qu'on constate tous les dérapages présents dans les sociétés dites civilisées. Aujourd'hui, le mot 'immoral' est presque banni du dictionnaire américain selon les raisonnements comme celui-ci : '*autant que c'est mon corps, j'ai le droit de l'utiliser comme je veux. Tant que mon acte n'engage pas un tiers non consentant ou dont le consentement est invalide parce que juridiquement non valable, tout ce que je fais est bon. Je suis protégé par les lois du pays*'.

Au moment où l'Afrique fait encore face aux défis de l'homosexualité qui touche de plus en plus le continent avec les multiples échanges qui se font actuellement entre les pays du monde, en Amérique c'est d'autres pratiques plus extravagantes qui sont à la mode. L'homosexualité est dépassée et ne fait plus partie du débat de la majorité d'Américains. Tous semblent avoir compris que c'est là que la société devrait aller. Le mariage traditionnel comme on l'appelle ne devient autre chose qu'une option.

D'ailleurs il y a des bases scientifiques pour défendre les homosexuels car selon ce postulat, on ne devient pas homosexuel et on ne choisit pas de le devenir mais au contraire, on nait homosexuel car génétiquement, on y est prédisposé.

Un biologiste Belge, Jacques Balthazart (2013) a publié un livre : *Biologie de l'homosexualité. On naît homosexuel, on ne choisit pas de l'être*. Déjà dans l'introduction de son livre, Balthazart affirme ce qui suit : 'contrairement à ce que soutiennent des théories encore trop répandues, généralement on ne devient pas et on ne choisit pas d'être homosexuel : on nait homosexuel'. Ailleurs il explique qu'une partie des facteurs de l'homosexualité est génétique, c'est la partie que l'on connaît le moins bien, dit-il. On a beaucoup plus de données sur la partie hormonale de ces facteurs. Il y a enfin une partie immunologique, une réaction immunitaire développée par la mère contre l'embryon de sexe mâle. Selon cette thèse, ce n'est pas au sujet homosexuel qu'il faut demander de justifier son orientation si pas sa désorientation sexuelle mais à sa mère. Alors que l'idée de cette hypothèse est seulement en faveur des sujets du sexe masculin. Pourtant le phénomène touche à la fois les hommes que les femmes mais les défenseurs de ce fait social qui prend de plus en plus de l'ampleur n'ont pas manqué des arguments inclusifs parmi les scientifiques : c'est la thèse hormonale insinuant que ce serait pendant la vie embryonnaire que la future lesbienne aurait reçu une concentration atypique d'hormones, c'est-à-dire, une grande quantité d'androgène (hormones mâles) et le future gay une quantité d'androgène moins importante.

Toutes ces explications n'ont qu'un seul but : innocenter un comportement, un choix d'un style de vie et le faire accepter par une société qui a du mal à abandonner les valeurs traditionnelles en ce qui concerne la définition de la famille. Mais tellement c'est la loi de la liberté et l'esprit libertin qui s'impose dans la société, ce sont ceux qui soutiennent les nouvelles tendances qui l'emportent face à ceux qui continuent à
croire que l'homosexualité est une question psychologique et donc une déviation, une perversion parmi tant d'autres et dont les psychologues, les psychiatres et les exorcistes. [Opposez ici les idées traditionnalistes aux idées déviationnistes, citez par ex. l'idée d'un auteur traditionnaliste] L'ironie du sort fait que monsieur Baltazart dédicace son livre non aux couples gays ou lesbiennes incapables de procréer mais à sa femme et sa belle-fille prouvant ainsi que lui-même était issu d'une famille traditionnelle, son fils et lui avaient fondé cette même famille traditionnelle. Allez-y comprendre quelque chose.

Désormais les gens peuvent décider de prendre un autre sexe que celui avec lequel ils sont nés en acceptant des contraintes permettant d'obtenir le sexe désiré. Mais à force de tâtonner et de tripoter, il y a des gens qui ne savent plus s'identifier et qui prétendent finalement qu'ils ne sont ni homme ni femme pourtant ils sont nés avec un sexe soit masculin, soit féminin. Ils pensent que leur sexe de naissance ne leur convient pas, et s'identifient entre les deux sexes un peu comme la chauve-souris. Ils prétendent flotter entre les deux sexes et se déclarent neutres. Malheureusement la culture libertine, au lieu de les décourager et punir ces égarements les suivent, les dorlotent et les amadouent. Les politiciens n'ont besoin de rien que les voix lors des élections et il ne faut pas perdre même ne fut-ce qu'une seule voix de la personne qui souffre d'une crise identitaire. C'est la démocratie libérale mal appliquée qui valoriseparfois le mal.

Les pays jadis connus comme protestants en Scandinavie ont été les premiers à franchir la barre et à créer des lois qui redéfinissent le sexe en considérant 3 catégories au lieu de deux : masculin, féminin et neutre le sexe neutre étant un sexe artificiellement crée. [C'est quoi ce sexe neutre, veuillez le décrire en donnant une référence]

En Amérique aussi, pays où le président prête son serment sur la Bible, et avec une population se déclarant chrétienne à plus de 90%, on a déjà opté pour le modèle scandinave pour abandonner les valeurs chrétiennes traditionnelles dont on se vantait jadis. Ce qu'on considérait il n'y a pas longtemps comme dépravation des mœurs est aujourd'hui toléré et consacré comme juste et bon. Le Parti Républicain qui se revendique comme conservateur ou défenseur des valeurs chrétiennes, valeurs que les pères fondateurs de la Nation Américaine ont pris soin de consigner dans la constitution pour qu'elles soient observées à jamais par le peuple américain, ce parti a déjà dévié la voie tracée par les pères craignant de perdre l'électorat en faveur des démocrates connu pour leur agilité à intégrer les nouvelles tendances. De ce fait, les républicains attirent de moins en moins les adeptes parce qu'ils hésitent à suivre à tout prix les gens dans leur esprit libertin. La majorité d'Américains aujourd'hui se revendique démocrate libéral, c'est-à-dire, ceux qui prônent la liberté illimitée et qui voudraient que l'état ne puissent pas chercher à se mêler dans leurs propres affaires et leur vie privée. Même au sein du Parti Républicain, il se dessine aujourd'hui cette tendance du libéralisme par peur d'être laissé derrière alors que le peuple lui veut avancer et avancer toujours pour arriver à être libéré de toute loi imposant une interdiction. Les lois doivent être adaptées au désir de la société et non l'inverse, pensent la majorité d'entre eux.

Mbuma avec son esprit africain a avec ses collègues reçu l'invitation de l'une de ses enseignantes : demain disait-elle, nous avons invité une personne très importante. Elle va venir vous partager son expérience. C'est une défenseuse des droits des personnes ayant décidé de changer leur sexe. Nous allons l'écouter pendant un moment et puis vous aurez le temps de lui poser des questions par rapport à cette nouvelle vie qu'elle a choisi.

Waouh, se disait Mbuma, pour une telle personne nous allons manquer un cours justepour suivre l'aventure de sa carrière dans la perversion. Mbuma hésitait entre s'absenter des cours et se présenter quand-même à la conférence. Pourtant il n'avait pas d'option car tous les cours étaient obligatoires et cette séance avec Naezi l'était aussi. En plus Mbuma était curieux de voir une personne qui se revendique d'être de cette catégorie en public car à part les soupçons portés sur certaines personnes suite à leurs démarches ou habillements, Mbuma n'avait pas encore rencontré cette catégoriede gens.

Sitôt dit, sitôt fait. Le lendemain le professeur était arrivé, accompagné de Naezi son invité. C'était un type géant à la carrure d'un masculin vu la grandeur de son thorax par rapport au reste du corps sauf que dans sa poitrine pendaient des grands seins qu'on ne pouvait attribuer à un homme. Une longue chevelure qui tombait sur les épaules, elle portait un t-shirt noir et un pantalon jean bleu avec des bottes noires aux pieds lui donnant une allure d'un cowboy. En la présentant à l'auditoire, l'enseignante a hésité ne sachant pas s'il fallait parler d'un homme ou d'une femme. Elle s'est juste excusée en demandant à son invité de pouvoir seul préciser son sexe.

Lorsque la personne a pris la parole, elle a dit qu'elle était de sexe masculin à sa naissance mais que plus elle grandissait, elle ne sentait bien qu'elle soit présentée de cette manière. Elle devenait davantage gênée par son identité masculine.

« J'avais même une copine pendant mon adolescence mais je ne me sentais pas épanouis dans cette relation, j'avais l'impression que si je devenais femme, je me sentirais mieux et je pourrais aussi jouir de la vie en bouchant le vide que je ressentais jusque-là. C'est pourquoi j'ai décidé d'abord d'abandonner cette fille afin d'être en mesure de prendre une nouvelle orientation, de changer pour devenir une femme. J'ai appris qu'il y avait des personnes qui avaient réussi à le faire avant moi, j'ai commencé à me renseigner comment les contacter et bénéficier de leur expertise. Ce n'est pas facile comme décision mais je l'ai prise après réflexion et je savais que beaucoup des personnes pourront me critiquer, me haïr ou même m'abandonner mais c'est ce que je savais ce que je voulais et je l'ai fait et j'en suis fier ».

Elle a raconté son histoire avec fierté et bravoure à la manière d'un héros qui raconte l'histoire de ses exploits pour inspirer des jeunes générations. Elle a dit avoir vécu des menaces au sein de sa famille et ses proches et qu'elle avait vaincu en s'opposant farouchement à toute personne qui essayait de s'ériger en obstacle dont ses propres parents qui avaient rompu des relations avec elle à cause de cette décision. D'ailleurs même jusque-là, elle était toujours en conflit avec son père et sa mère et elle s'était repliée sur sa grand-mère qui, elle avait fini de l'accepter malgré elle mais avec douleur et ressentiment. Elle avait précisé qu'elle avait fréquenté plusieurs cliniques spécialisées dans la pratique de la démarche visant le changement de l'identité biologique des personnes le souhaitant par des pratiques médico-chirurgicales complexes et onéreuses. La féminité artificielle pourrait donc s'acquérir moyennant des sommes exorbitantes d'argent en complicité avec des professionnels de la santé dont l'éthique et la déontologie se résumaient par l'observance de la volonté libertine de chaque individu. En bref, pour devenir ce qu'elle prétendait être, monsieur devrait prendre des hormones féminisantes chaque jour à partir du premier jour jusqu'au dernier jour de sa vie afin de se maintenir artificiellement femme. Dans le cas contraire, les seins qui pendaient désormais sur sa poitrine pouvaient fondre, la voix qui essayait de se métamorphoser devrait redevenir masculine, sauf que pour les organes sexuels qu'elle s'était fait opérée afin qu'ils subissent des modifications, l'opération étant irréversible, rien ne pourrait changer cela car le sexe du départ était rasé pour toujours.

Ce sont ces hormones reçues à l'hôpital qui lui ont fait pousser les seins qu'on pouvait voir sur sa poitrine et qui faisaient en sorte que sa voix soit proche de celle d'une femme. Elle s'était faite une ablation des organes sexuels mâles et se faire à la place un vagin artificiel bricolé chirurgicalement à partir des vestiges de peau résultant de l'ablation du pénis et des testicules. C'est ça la liberté ! Elle était libre, elle jouissait de la liberté ! Les médecins aussi étaient libres de satisfaire à toute sorte de demande, réfléchie ou non. Cette liberté à la longue pourra évoluer et permettre toute sorte d'exagération. Par exemple si quelqu'un pense qu'il serait plus beau avec un œil au lieu de deux, alors il pourra aller trouver une clinique d'esthétique spécialisée dans l'ablation des yeux non malades. Il suffira que le médecin sache que la loi de son pays ne pourra pas le condamner et c'est fini. La loi de la liberté a remplacé la loi de Dieu, la conscience, l'éthique et la déontologie car tout ce que n'interdit pas la loi du pays est bon. Bardiaev (1985 :38) conclut que l'auto-négation et l'anéantissement du principe personnel est la faillite définitive de l'individualisme dans ce qui semblait être son triomphe extrême. Lorsque on refuse ce qu'on est réellement et qu'on cherche à se détruire pour devenir quelque chose d'autre par respect du principe de la liberté acquise par l'exaltation de l'individualisme alors on échoue carrément parce qu'on perd son identité sans avoir une autre et on devient unproblème pour la société.

C'est dans ce pays qu'une femme fonctionnaire de l'Etat dont la conscience interdisait d'obéir à une loi qui autorisait le mariage homosexuel s'est vu arrêter, huée et considérée comme ayant pêché plus que les homosexuels eux-mêmes. D'ailleurs pour les homosexuels, juridiquement, ils étaient en ordre. C'est la pauvre femme fonctionnaire de l'Etat qui était en contradiction avec la loi de son pays. Heureusement elle a eu du soutient par la suite. Un riche industriel spécialisé dans la préparation du poulet mais dont le business était prospère depuis des années a vu son commerce ralentir et presque tomber en faillite seulement parce qu'il avait déclaré publiquement qu'il ne soutenait pas le mariage homosexuel. *« Il est homophobe, il nefaut pas consommer ses produits et le laisser prospérer car il va à l'encontre de nos valeurs qui encouragent la tolérance sous toutes ses formes,* » se chuchotaient beaucoup d'américains.

Aujourd'hui l'autre pratique en vogue, c'est la 'pan sexualité' le fait d'être attiré sexuellement par tous les sexes c'est-à-dire vous vous adonnez aux pratiques sexuelles tantôt avec les personnes de même sexe que vous, tantôt avec celles du sexe opposé et même tantôt avec les transgenres. Ce sont les sans frontières comme eux- mêmes s'identifient. C'est compliqué. Nous sommes dans des sociétés se déclarant majoritairement chrétiennes. Dieu devrait évoluer à la même vitesse avec son monde qu'il a créé et changer ses lois et les rendre post modernes car sa parole n'est plus applicable dans son contexte original. C'est pourquoi des théologiens dans certaines églises chrétiennes se sont réunis plusieurs fois pour redéfinir les normes et ne pas continuer à frustrer certains de leurs fidèles qui avaient déjà franchi la barre et qui se retrouvaient de l'autre côté sans se reprocher. Dieu du haut des cieux, se tait, regarde. Son silence pour certains n'est rien d'autre que son approbation. Si non il pourrait encore envoyer le feu comme il l'avait fait à Sodome et à Gomorrhe ou le déluge comme au temps de Noé. Il n'y a que l'église catholique qui, grâce à son pouvoir très centralisé, est capable de s'entêter et de fermer les oreilles aux brebis galeuses qui ne cessent de revendiquer que leurs tords soient pris justifier pour ouvrir à d'autres et à ceux qui se cachent, la possibilité de proclamer haut appartenir à la nouvelle classe des ouvriers affranchis des anciennes lois sur la moralité, l'éthique autour de la sexualité dans l'église.

5. La solitude un mode de vie qui ne dérange personne

Mbuma avait eu la chance en arrivant en Amérique, d'être logé dans un complexe d'appartements pour étudiants étrangers dont la majorité provenait d'Asie, d'Amérique latine et d'Afrique. Dans le bâtiment où il logeait, il partageait son appartement avec 3 autres étudiants. Mais à côté d'eux vivaient d'autres personnes dans les chambres contiguës. Bien qu'ils vivaient dans un même immeuble, rien ne les unissaient malgré la promiscuité. Le matin, chacun se réveillait à son heure, selon son calendrier et poursuivait le programme de sa journée sans en avertir les autres. Le soir, chacun revenait à son heure et se précipitait dans sa chambre où se passait le reste du temps à la maison. Pourtant le salon ainsi que la cuisine étaient partagés mais cela ne semblait pas suffire pour rapprocher les colocataires. Il n'y avait ni réunion, ni partage commune de la nourriture ni aucune circonstance qui pouvait rapprocher ces pseudos voisins. Lorsque quelqu'un cuisinait (cuisinière avec quatre foyers), tout le monde s'abstenait d'approcher le foyer jusqu'à ce qu'on se rende compte que la personne qui préparait avait terminé et la deuxième pouvait y aller à son tour, et après le troisième et ainsi de suite. Jamais on ne pouvait voir deux personnes en train de préparer au même moment.

Les voisins qui habitaient les chambres d'à côté étaient comme vivant dans un pays limitrophe et le mur qui séparait les chambres étaient des vraies barrières qui ne se franchissaient pas au hasard. Peut-être il fallait même un visa pour franchir les portesde ces chambres voisines. Je vais dire personne d'entre Mbuma et se collègue d'appartement ne connaissaient qui ils étaient, d'où ils venaient, ce qu'ils faisaient comme études mais on les entendait entrer et sortir, quelques fois parler à l'extérieur avec leurs visiteurs mais jamais avec Mbuma ni ses voisins. Mais il n'y a que Mbuma qui était inquiet de la situation, car ne comprenant pas ce nouveau style de vie.

La vie en Amérique est une vie très egocentrique où chacun est replié sur soi-même et se méfie de ce qui se passe à côté. Il existe des collaborations surtout dans le domaine professionnel pour les personnes qui sont dans la même filière et obligées de travailler ensemble. Il est rare de voir les personnes sans liens préétablis entrer en collaboration et avoir ne fut ce que des petites conversations.

Il arrivait que Mbuma, lorsqu'il se rendait à l'université et qu'il devrait prendre le bus se retrouvait à l'arrêt bus avec plus de 5 autres étudiants qui attendaient mais personne ne pouvait parler à l'autre pendant cette période à l'exception des étudiants qui se connaissaient au départ c'est dire soit du même appartement ou du même auditoire, ou des étrangers venant du même pays. Il était étonné de voir que les gens pouvaient se mettre sur le même banc pendant une dizaine des minutes et que personne ne soit capable d'adresser la parole aux autres. Même ceux qui venaient après, à leur arrivée ne pouvaient se gêner et ne fut ce que saluer le groupe rencontré sur place. Au contraire, ils arrivaient en silence, se mettaient à côté des autres en échangeant seulement le regard comme ferait un prêtre en route transportant l'hostie en visite pour administrer le sacrement de communion aux malades. Mbuma qui venait d'un continent ou la parole était vénérée et que le silence était signé de mépris ou d'indifférence se sentait gêné et voulait rompre avec cette pratique. Parfois il essayait de saluer les gens qu'il croisait sur la route comme c'est la coutume chez lui, mais des fois il était surpris de voir qu'on ne lui répondait pas ou que l'interlocuteur le regardait étonné de ce geste peut être maladroit. Lorsqu'on est seul à penser que quelque chose est bon dans une multitude des gens et qu'on ne trouve aucune personne pour soutenir son idée, on finit par se fatiguer en pensant qu'on risque même d'être poursuivi pour ne pas respecter l'avis de tout le monde. C'est ce que notre ami Mbuma a fait, il a dû se comporter comme tout le monde en adoptant contre son gré la culture du silence et de l'indifférence. Pourtant avec un peu de persévérance, il pouvait changer les choses, du moins dans l'espace où il vivait. « Le bien reste le bien même si personne ne le fait et le mal reste le mal même si tout le monde le fait, » ce, dit-on.

6. Pranchant et ses principes étranges

Mbuma venait d'atterrir dans un aéroport américain pour son nième fois et sitôt descendu de l'avion, il s'est précipité pour récupérer ses valises. Dans l'aérogare, il yavait son ami Pranchant qui l'attendait.

- Ah, Mbuma lui cri va-t-il avec joie, tu es là.
- Oui, Prachant, je suis bien là après ce long voyage,
- Tu dois être fatigué après avoir traversé l'Atlantique en passant par le pôle Nord.
- Tu dis vrai, on a survolé le pôle nord car de l'avion on pourrait voir le Groenland avec ses montagnes coiffées d'une calotte blanche témoignant son éternel neige. C'est bien joli comme paysage à voir.
- Je commençais à m'inquiéter comme votre avion n'est pas arrivé au temps indiqué.
- C'est vrai, il nous a fallu environs 40 minutes dans l'avion avant de décoller et nous-mêmes on se demandait ce qui n'allait pas jusqu'à ce que le pilote nous dise que la piste était très sollicitée et on ne pouvait pas décoller avant que plusieurs autres avions n'atterrissent d'abord : c'est ça les grands aéroports. (Quelle ville ?) On y assiste à des embouteillages comme sur les routes ordinaires. Toutes les trois pistes d'atterrissages étaient sollicitées au même moment.
- Je crois on peut aller chercher tes valises de l'autre côté.
- Bien sûr, allons y. ils ont fait quelques pas vers le terminal pour bagages et les autres passagers parmi les 50 qui avaient embarqué dans le jet ont commencé chacun à retirer son sac mais curieusement Mbuma a remarqué qu'aucune de ses deux valises n'était finalement arrivé. Pourtant à la dernière escale dans la ville d'Atlanta, Mbuma avait bel et bien revu tous ses bagages avant dechanger d'avion.

C'est comme cela que Mbuma a été accueilli par son collègue et qu'ils sont partis à la recherche des valises pour qu'ils puissent continuer la route vers la ville. Il était 1 h 30 du matin lorsque le bombardier CRJ 200 s'était posée sur la piste de Gainesville en provenance d'Atlanta. En fouillant les bagages qui étaient là, Mbuma s'était rendu compte que ses valises n'étaient pas arrivées. Au même moment il s'est souvenu qu'il avait commis l'imprudence de laisser la clé de son appartement

dans l'une des valises manquantes. Et comme il était tard, il devrait trouver la solution en ce qui concerne l'endroit où il devrait passer la nuit. Heureusement se disait-il comme Pranchant est venu me chercher, sinon je ne saurais pas quoi faire à une heure aussi avancée. Il a décidé d'informer son ami qu'il n'avait pas la clé de l'appartement sur lui et au lieu que celui-ci banalise l'évènement comme pouvait penser Mbuma, son interlocuteur a quant à lui montré que c'était une situation très grave, car pour lui, c'était bien
difficile qu'on trouve une solution.

- Tu veux dire que tu n'as pas sur toi la clé de ton appartement ?
- Oui, j'ai commis l'imprudence de ne pas la mettre dans mon bagage à mains.
- Je ne te crois pas, est-ce que tu as bien vérifié ?
- Oui, je sais avec exactitude que je ne l'ai pas.
- Alors tu penses qu'on va faire quoi ?
- Non, je peux aller passer la nuit chez toi en attendant que demain je trouve unesolution non ?
- Non, je n'ai pas un endroit pour te garder, ma chambre ne convient pas pour deux personnes et je n'étais pas préparé pour héberger quelqu'un.
- Est-ce vrai qu'il n'y a pas moyen que je vienne avec toi, du moins pour les quelques heures qui restent avant le jour ? Même dans ton salon je peux m'allonger en attendant l'aurore !
- Non, ce n'est pas possible, même là aussi, je ne peux t'y mettre car dans l'appartement, ma toilette est dans ma chambre et je ne sais pas laisser ma chambre ouverte pour te donner la possibilité d'utiliser la toilette pendant la nuit. Je ne fais pas confiance à mon co-locateur raison pour lequel je dois bienfermer ma porte car on ne sait jamais.
- Tu veux dire que même si je suis au salon, tu peux toujours avoir peur de ton voisin de chambre ?
- Oui, tu ne seras pas au salon pour faire ma garde, d'ailleurs je ne veux pas qu'on discute sur ce sujet. Tu peux comprendre qu'il n'y a pas de place chez moi. Je peux t'aider de tenter d'appeler le bureau qui gère le complexe d'immeubles où tu loges pour voir s'ils peuvent trouver une solution même s'il fait tard, et toi tu peux déjà essayer les numéros de tes collègues d'appartement. Si tu as la chance que quelqu'un réponde, alors tu pourras lui demander de t'ouvrir la porte.
- Oui je vais tenter de le faire mais je n'ai qu'une seule personne qui pourrait être là. D'ailleurs il est nouveau car il a aménagé pendant que j'étais absent. C'est-à-dire je n'ai pas son numéro. L'autre collègue qui était resté à l'appartement doit être encore en vacances chez sa copine dans une autre

ville. C'est lui que je vais tenter d'appeler mais je ne sais pas comment il pourra m'être utile.

Mbuma s'est mis à appeler son collègue mais personne ne le répondait et son collègue qui est venu le prendre tentait d'appeler le bureau de la compagnie qui gérait les appartements où il logeait. De tous les appels effectués, aucune n'a abouti pour que Mbuma trouve une solution à son problème. Le collègue de Mbuma n'envisageait pas de briser ses principes pour finalement le prendre chez lui dans ces conditions. Au contraire, il a fini par lui proposer de passer lanuit dehors devant la porte de l'appartement en y attendant le jour.

- Tu vas juste t'allonger dehors devant la porte de ton appartement. Ici il n'y a pas des bandits comme chez vous en Afrique. Le matin quand ton collègue va ouvrir, tu pourras entrer sans problème.
- Tu es sûr que c'est la solution finale ?
- Oui, je ne vois pas une autre solution. J'ai fait mon travail comme prévu. Je me suis porté volontaire pour te prendre afin de te déposer chez toi. C'est ce que jesuis en train de faire. Le reste, c'est toi qui vas gérer ton inadvertance.

Mbuma était resté sans mots, il se demandait s'il fallait qu'on lui retourne à l'aéroport car au moins il se sentirait plus en sécurité là-bas mais il avait aussi un bagage
précieux en mains contenant les échantillons qu'il fallait impérativement faire parvenir en toute urgence au laboratoire pour y être conservé au froid. Il savait également qu'il n'avait pas l'autorisation de dormir au laboratoire, sinon ça serait la solution intermédiaire. Novice, avec presque plus de contact en dehors de qu'ils venaient de tenter de joindre en vain, il ne pouvait plus continuer d'argumenter mais accepter d'affronter la fatalité.

Avec son collègue Pranchant, ils ont pris la route du laboratoire pour laisser le précieux colis au froid. Du labo, Pranchant a pris la direction de l'appartement de Mbuma pour le déposer à sa porte et continuer sa route sans se reprocher quoi que ce soit. Déçu de l'attitude de son collègue, Mbuma ne se lamentait plus mais feignait d'avoir compris la logique de son bienfaiteur. Arrivé au rez-de-chaussée, de l'immeuble Pranchant s'est arrêté demandant à son collègue de monter l'étage vers son appartement et camper à l'extérieur comme prévu. Comme ses valises étaient restés, il n'avait ni drap, ni couverture, ou même une étoffe dont il pouvait se servir pour ne fut ce que couvrir la tête. Fatigué d'un vol d'environs 24 heures, il était aussiaffamé, somnolent pour ce long temps passé entre le ciel et la terre.

En voyant Mbuma monter à l'étage, Pranchant a redémarré sa voiture pour continuer sa route en se dirigeant chez lui. Mbuma en arrivant devant la porte de l'appartement a hasardeusement pris le courage de pousser la porte pour tomber sur une bonne surprise: au lieu de lui résister, la porte s'est ouverte d'elle-même le laissant entrer sans problème. Il était si heureux de ce constat et est entré dans la maison comme un prisonnier qui après une longue détention venait de retrouver encore la porte de sa maison. Il s'est tout de suite jeté sur le sofa pour y déposer toute sa fatigue et son sommeil. En son cœur il a loué l'inadvertance du nouveau locataire qui en entrant n'avait pas les soins de refermer la porte à clé. C'est comme ça que Mbuma a échappé bel de rejoindre la catégorie de '*homeless*' des Etats unis, du moins pourcette nuit. Le Dieu de Mbuma a été très clément ce jour-là.

7. Je suis donneur bénévole du sang

Mbuma était donneur bénévole du sang dans son pays, il avait déjà participé à plusieurs collectes du sang et avait réellement le cœur d'aider en faisant cet acte salvateur. En venant en Amérique, il avait pris l'engagement de continuer à faire des dons et se rendre ainsi utile dans cette nouvelle société comme il l'était dans sa propre communauté. Un jour, pendant qu'il était en pause à l'université, il s'est rendu compte qu'il y avait une équipe de collecte de sang qui faisait des sensibilisations pour inciter les étudiants à faire des dons du sang. Pour lui, c'était l'occasion de seprésenter à cette équipe pour devoir continuer son bénévolat.

- Bonjour madame, disait Mbuma à la femme qui était assise à l'ombre d'un parasol et qui tenait une banderole avec les écrits 'fait un don, sauve des vies'.
- Bonjour monsieur
- Je suis donneur bénévole de sang depuis plusieurs années et je suis prêt pour lefaire ici.
- Tu es américain ?
- Non,
- De quelle partie du monde tu viens ?
- L'Afrique,
- Est qu'il y a de la malaria dans ton pays ?
- Oui,
- Alors il est impossible pour toi de faire un don du sang pour ne pas exposer les Américains à la malaria. Pour que tu puisses être en mesure de faire un don du sang ici, il faut vivre en Amérique pendant au moins trois ans sans rentrer danston pays.
- C'est donc ça les normes ici?
- Oui monsieur, je suis désolée, merci de ton don mais ça devra attendre.
- Je comprends, merci madame pour cette clarification.

C'est comme ça que la conversation c'était arrêtée et notre ami volontaire avait été prié de garder son don. Il était étonné de voir que dans son pays, justement comme le paludisme est endémique, personne n'ose l'utiliser comme préalable avant de faire un don du sang. D'ailleurs si on essayait de prendre cela comme critère, alors presque toutes les poches seraient mises de côté. Les personnes ayant besoin des transfusions pourraient mourir en cascade. Là, au contraire on se focalise sur les maladies sexuellement transmissibles et le VIH/Sida uniquement. S'il s'avère que la poche contient du sang contaminé par le paludisme, on sait qu'on peut le traiter et le guérir et sauver la vie du patient. En Amérique, personne ne peut accepter de prendre ce risque. A première vue Mbuma avait pensé à une ségrégation raciale voilée, mais après avoir réfléchi, il avait compris que la malaria n'existant pas sur le sol Américain, ceux-ci au lieu d'envisager de le traiter chez le receveur du sang comme c'est l'option retenue en Afrique se réserve totalement d'admettre le sang qui serait exposé et surtout que c'est l'exception et non la règle comme en Afrique subsaharienne.

8. Si tu veux survivre, apprends la langue locale

Les américains ont plusieurs atouts pour dominer le monde. Parmi eux figure leur langue : l'Anglais. Sur le sol américain la seule langue qui jouit du monopole reste l'Anglais. Pourtant le peuple américain est un ensemble hétérogène de plusieurs peuples venant de toutes les parties du monde. Mais ils ont eu la chance de faire mourir leurs langues d'origine en adoptant le seul anglais, la langue du colonisateur britannique. C'est pourquoi en Amérique, Chinois, Japonais, Russes, Juifs, Indiens, Roumains, Yougoslaves, Britanniques, et toutes les peuplades venus d'Afrique ne jurent que par cette langue.

Pour les Américains, l'Anglais est la langue universelle que doit apprendre tout le monde. Chaque personne ayant envie d'être civilisée n'a pas d'autres choix à faire que d'apprendre l'anglais. Eux n'ont pas le temps d'apprendre d'autres langues parce qu'ils en avaient et les ont abandonnés, au contraire ils savent que toutes les nations du monde ont le devoir d'apprendre l'anglais. Alors ils peuvent voyager n'importe où au monde sachant que personne ne pourra les condamner de ne pas connaitre les langues des pays visitées mais que là-bas, les autochtones se condamneront de ne pas connaitre la langue du visiteur, celle qui rime avec le modernisme et le développement.

Pour donner force à leur langue, les Américains ont construit des universités solides qu'ils ont sérieusement équipées. Ils ont travaillé sur le système d'enseignement de telle sorte qu'il soit parmi les meilleurs du monde en sorte que les Américains ont debonnes conditions d'études à la maison et qu'ils ne puissent avoir envie d'aller chercher les études à l'étranger car toutes les conditions pour un bon enseignement y sont réunies. Aussi la qualité de leurs enseignements attire les étudiants étrangers qui veulent atteindre le standard Américain pris comme modèle par plusieurs états occidentaux.

Alors pour les étrangers, ils n'ont pas de choix que d'apprendre impérativement l'Américain pour être en mesure d'acquérir le précieux savoir transmis uniquement dans cette langue. C'est une condition sine qua none et personne ne dérobe à la règle.
D'ailleurs la majorité des enseignants Américains est monolingue et ne cherche en aucun d'apprendre d'autres langues pour attirer les étudiants des autres nations. C'est pourquoi, l'étudiant étranger n'a qu'une seule option avant de venir aux Etats-Unis : maitriser d'abord l'Américain. L'Américain lui apprendra tout dans sa langue
maternelle. La règle ici s'applique aux Américains issus de l'immigration contraint d'abandonner au second plan, si pas à l'oubliette, les langues de leurs origines au nom de l'assimilation et de l'acceptation de la nouvelle identité.

Les étudiants étrangers comme Mbuma se démènent pour qu'à chaque mot qu'ils utilisent, ils puissent comprendre non seulement le sens mais aussi le contexte. La plupart des fois le contexte est puise dans la pratique culturelle dont la connaissance exige un temps relativement long. C'est ce qui fait qu'ils prennent du retard à assimiler la matière et qu'ils doivent fournir un effort double pour être au même rythme que leurs collègues qui étudient chez eux et dans leur langue de base. Ils sont ainsi punis, ces étrangers pour n'avoir pas dans leurs pays des gouvernements en mesure de bâtir un système éducatif fort et mettre en place des universités de renoms pouvant attirer les étudiants étrangers et garantissant aux étudiants locaux les conditions idéales de formation. En Amérique, les étrangers qui ne peuvent pas parler l'anglais sont considérés comme des gens de basse classe, des réfugiés ou des personnes avec un niveau d'éducation élémentaire car la science pour un américain ordinaire ne peut se transmettre qu'en anglais. Il n'y a que les quelques intellectuels qui ont beaucoup étudiés et ceux ayant voyagé pour des conférences dans d'autres pays qui savent qu'il y a des savants non anglophones.

9. Mbuma à l'école de Diva, l'américaine

Un dimanche matin Mbuma voulait se rendre à l'église pendant qu'il était encore nouveau dans sa ville universitaire. Il est parti se mettre comme d'habitude à l'arrêt bus attendant qu'un bus l'emmène jusqu'au lieu du culte. Il a fait plus de trente minutes d'attente et aucun bus ne s'est présenté curieusement parce que le dimanche et les jours de congé, les bus sont rares dans la circulation. Au moment où il était presque déçu et sur le point de rentrer, une voiture est venue juste se pointer devant lui. En regardant à l'intérieur, il a constaté qu'il y avait une jeune femme noire de teint, probablement afro- américaine. Celle-ci lui a adressé la parole en lui disant avec un accent propre aux noirs américains (car ils ont un accent qui leur est particulier ici peu importe la partie du pays qu'ils habitent) :

- Monsieur qu'est-ce que tu fais là ?
- Tu vois bien que je suis à un arrêt bus, non ?
- Justement c'est la raison pour laquelle je m'arrête parce que je sais que c'est presqu'impossible pour toi de trouver un bus aujourd'hui. Dimanche il n'y a pas assez des bus monsieur. Alors si tu veux, je peux te faire un lift.
- Comment tu vas m'aider pourtant tu es dans une direction contraire à la mienne ?
- Ne t'en fais, je suis prête à te faire arriver là où tu vas, il n'y a pas de problème. Mbuma a machinalement réfléchi, en pensant qu'il y avait un risque qu'il monte à bord de la voiture de cette femme sans savoir si réellement c'est la bonne volonté qui l'avait motivée à s'arrêter. Il a fallu rejeter l'offre en
  craignant pour sa sécurité surtout qu'il était encore aux premiers jours de vie dans cette ville. Mais un courage exceptionnel lui est arrivé, et a bien vu que la femme était toute seule à l'intérieur et a cru à la bonne volonté de cette dernière. Il a donc décidé de monter à bord pour que cette femme puisse, selon sa promesse, l'amener jusqu'au lieu de sa destination, lieu que lui-même ne maitrisait pas bien mais dont il avait une adresse écrite sur un bout de papier.
- Ok, merci pour ta gentillesse. Je monte alors avec toi pour que tu m'amènes mais je vais un peu loin je ne sais pas si je ne vais pas perturber ton programme.
- Non, je t'en prie. J'ai promis alors crois moi, je vais réaliser.

Et c'est comme cela que Mbuma est monté dans la voiture de cette bienfaitrice mais tout en doutant un peu de cette générosité. Ils n'ont pas fait 300 mètres que le bus qu'il attendait ne les dépasse. Or Mbuma à peine dans la voiture devenait de plus en plus inquiet, se demandant si réellement cette femme n'avait aucune intention de nuisance cachée en elle. Elle était en train de jouer de la musique rock très forte avec une pile des disques audio sur la banquette arrière. Elle était habillée en jeans, t-shirt multicolore et des pantoufles aux pieds bicolores aux pieds. Mbuma commençait à se demander si par hasard elle ne faisait pas partie d'un groupe des bandits, un gang quelconque et qui pourrait lui avoir envoyé pour chercher une proie à extorquer ou une victime prête à être maltraité ou à subir d'autres traitements de tout genre.

Terrifié par ses propres pensées, il n'osait plus adresser une parole à son chauffeur car il se sentait désarmé et à sa merci comme une souris dans la cage d'un serpent. Il savait qu'il n'avait aucun moyen de sauter de la voiture pour s'échapper, il ne savait pas aussi dire explicitement à cette dame qu'il avait perdu confiance afin de ne susciter son attention. Au contraire il s'arrangeait pour que sur son visage n'apparaissent les signes de la peur, question de montrer à la jeune femme qu'il étaitsûr de lui.

- Monsieur, tu connais bien l'endroit où tu vas ?
- Oui je sais, sauf que je ne maitrise pas parfaitement la route.
- Alors comment penses-tu qu'on va y arriver ?
- Je pensais te remettre l'adresse parce que je sais que tu connais bien les routesd'ici.
- Ah, voyons ? Je ne sais pas exactement si je vais me retrouver, sinon tu vois que nous étions déjà en train de prendre la direction contraire à l'adresse qui est sur ce papier et je ne sais pas exactement quelle route on va prendre pour nous amener exactement dans le quartier ici.
- Tu n'as pas un GPS dans ta voiture ?
- Non, sinon je n'allais pas beaucoup m'inquiéter.

En entendant tout cela mon cœur a commencé à battre très rapidement pris par la peur car je venais de dévoiler à la jeune femme que j'étais en quelque sorte perdu et sans aucun repère exact.

- Ne t'en fais pas, m'a dit la femme, on va se débrouiller, je suis sûr qu'on va retrouver la route qui va nous amener à ton adresse. Je vais faire demi-tour car je connais des amies dans ce quartier, elles vont nous préciser quelle route prendre et nous allons continuer.
- Oui, nous pouvons faire ça comme toi aussi tu sembles ne pas bien connaitre laroute.

Mbuma disait cela par sa bouche mais dans son cœur il était déjà abattu et craignait fortement pour ce qui pouvait lui arriver. Il se demandait si le moment était arrivé pour qu'il soit présenté peut-être devant le chef d'un groupe de malfaiteurs afin qu'on puisse faire de lui tout ce qu'on pouvait envisager. Il commençait à réciter toutes les prières qu'il connaissait par cœur pour que le pire ne puisse lui arriver. En retournant, ils ont pénétré dans un quartier visiblement très pauvre au Sud-Est de Gainesville. Le quartier était fait de petites maisons éparpillées dans les arbres et on pouvait y sentir la pauvreté par la dimension des maisons qu'on y trouvait et l'apparence des gens qu'on croisait sur la route. La première personne qu'on a trouvée était une femme blonde debout au bord de la petite route de ce quartier, son habillement fait d'une très courte robe chocolat, le regard très perçant, sa cigarette à la bouche indiquait sans se tromper qu'il s'agissait bel et bien d'une fille de joie ; à côté d'elle était une grande black un peu plus âgée, et toutes deux avaient l'apparence d'être en attente de quelqu'un ou de quelque chose. Le chauffeur de Mbuma s'est arrêtée et a fait signe à la blanche de venir. Elle est venue s'approcher de la fenêtre du chauffeur mais en échangeant un regard suspect, Mbuma a trouvé qu'elle affichait un comportement bizarre car elle était toute agitée, on dirait un chasseur en quête d'un gibier. Les deux femmes se sont parlé pendant un moment et puis le conducteur s'est tourné vers Mbuma en lui disant que l'autre femme était celle qui devrait leur montrer la route à prendre. Elle devrait à cet effet monter à bord de la voiture, nous accompagner pendant quelques moments jusqu'à la route principale qui devrait nous amener dans le quartier où l'église se trouvait. Mbuma n'osait pas dire pourtant qu'il allait à l'église craignant que ce label ne puisse empirer sa situation. Il prétendait qu'il avait rendez-vous avec un ami dans ce quartier. En montant dans la voiture, la dame qui conduisait n'a pas fait demi-tour pour retourner à la route principale, au contraire elle a continué en profondeur dans le quartier et ceci ne faisait qu'alarmer davantage notre jeune congolais à sa première expérience sur le sol américain. Il n'avait aucun espoir de s'en sortir indemne de cette aventure inattendue mais il espérait encore en la providence divine. A seulement quelques mètres en avant, la voiture s'est immobilisée et la femme qui devrait montrer le chemin en est sortie pour se faufiler dans les maisons aux alentours. *Qu'est ce qu'elle était partie chercher* se demandait Mbuma inquiet, d'un œil il regardait son chauffeur un peu pour demander ce qui se passait sans pourtant lui adresser un seul mot. Celle-ci ayant capté le message a directement répliqué par la parole en disant : *elle vient de me dire qu'elle a besoin de retirer quelque chose chez elle avant de pouvoir nous accompagner, néanmoins, elle exige quelques petits sous en guise de motivation. Même un cinq dollars pourra suffire pour elle. Tu peux lui faire ça ? Oui, sans problème* répondit Mbuma sachant que désormais sa vie était entre les mains de ces deux femmes et qu'il n'avait aucun droit de s'entêter s'il devrait espérer survivre de cette mésaventure, puis rapidement il a sorti de sa poche un billet de cinq dollars qu'il a remis au chauffeur afin de motiver la femme qui connaissait la route. Mais en revenant, Mbuma avait remarqué que cette femme en revenant tenait une poignée d'une poudre blanchâtre sur un petit papier en mains qu'elle a remis à la jeune femme qui conduisait. Celle-ci était apparemment très ravie de le recevoir et l'a introduit dans le coffre de sa voiture. Avant de redémarrer, elle aussi s'est tourné vers Mbuma en lui disant : *je crois moi aussi j'ai besoin d'acheter quelque chose ici. Fais-moi s'il te plait cinq dollars aussi, si tu en as encore. Est-ce que c'est possible ? Oui, je pense que c'est possible. Laisses-moi vérifier s'il te plait.* Et Mbuma vite a touché dans sa poche pour lui remettre un autre billet. Heureusement qu'il en avait, comme chez lui l'habitude exige qu'on se déplace avec le cash. *Merci beaucoup.* Et vite elle est sortie de la voiture pour s'éclipser comme l'autre dans une des maisons aux alentours. Mbuma n'avait plus rien à dire, rien à faire que d'attendre tout ce qui pouvait lui arriver. Un moment il avait eu l'idée de sortir de la voiture et de prendre la fuite, mais il s'était rendu compte qu'un tel geste serait peut-être plus suicidaire tellement il n'avait aucun repère pouvant l'aider à mieux s'évader étant très loin du quartier qu'il habitait et ne connaissant pas le moyen de retrouver la route. Alors il avait résolu de se calmer espérant à la bonne foi de son chauffeur, surtout que jusque-là elle était bien gentille avec lui. Quelques minutes après, elle aussi est revenue avec une autre quantité de la même poudre très blanche qu'elle inhalait et qu'elle introduisait dans les deux narines en frottant vigoureusement. C'est comme cela qu'en rentrant dans la voiture elle s'est mise à respirer très profondément puis bloquer la respiration pour recommencer le même mouvement. C'est à ce moment que Mbuma a compris qu'ils étaient dans un quartier où se vendait la drogue et que l'argent qu'elles demandaient ne servait à autre chose que les aider à s'en procurer. Elles étaient en train de manipuler du Marijuana sans scrupule en face de lui. Devant cette réalité, Mbuma a eu de plus en plus peur ne sachant pas quelle serait la prochaine étape. Comment se finirait l'épisode de ce film d'horreur. En la regardant, Mbuma était horrifié en voyant comment les yeux de son chauffeur étaient en train de tourner dans les orbites et comment la respiration se modifiait comme celle d'un athlète en fin de course. Il a quand même pris du courage pour parler à son chauffeur. *Tu es sûre que ça va mademoiselle ? Oui ça va, il n'y a pas de problème. On va partir.* Soudain, elle s'est rétablie et a fixé Mbuma du regard un peu pour le rassurer. Puis elle a allumé son moteur mais sans rappeler l'autre femme sensée montrer le chemin. A quelques mètres, une autre fille noire attendait sur le bord de la route. La voiture s'est arrêtée et la nouvelle venue a commencé à balbutier quelques paroles en direction de sa copine au volant puis comme elle en avait pris l'habitude, la conductrice de la voiture a regardé Mbuma pour dire : *s'il te plait donne lui juste un petit rien, n'importe quoi, même un dollar. C'est comme si elle a un problème.* Mbuma ne comprenait plus rien. Il jouait désormais le rôle de la vache laitière. Il avait la chance, la contrainte ne paraissait pas musclée et les demandes étaient anodines. Il pouvait donner avec honneur le petit rien qu'on lui demandait. Il était aussi conscient de l'effet que la marijuana pourrait produire à son chauffeur et priait intérieurement pour qu'il soit davantage sage et ne pas provoquer la femme déjà sous l'effet de la drogue. C'était un prisonnier qui faisait le patron même s'il savait qu'il n'avait pas beaucoup de marge de manœuvre si non obéir pour espérer s'en sortir sans casse. Il a vite sorti deux billets d'un dollar de sa poche qu'il a remis de toute hâte. Pourvu que ça me sorte d'ici se disait-il en tête. Et il a vu celle qui recevait se réjouir car sursautant de joie, on dirait qu'on était dans un village Africain où il est rare que le billet vert tombe entre les mains d'une personne, sauf pour les quelques privilégiés qu'on trouve surtout en ville. Ici on n'était pas non plus à la frontière avec le Mexique (le pauvre pays que Donald Trump voudrait isoler par un haut mur de séparation pour qu'il ne contamine les Etats Unis de ses malheurs) ou dans un camp pour immigrés, on était en plein centre des Etats unis, dans un quartier reflétant la pauvreté telle qu'elle se vit dans d'autres parties du monde. Ces pauvres femmes faisaient aussi face à la misère dans le pays le plus industrialisé du monde. Elles étaient déjà dépendantes de la drogue à force de l'utiliser au quotidien. Il est possible que faisant face aux difficultés de la vie qu'elles se soient livrées à la prostitution et à la drogue comme il arrive pour d'autres jeunes gens dans les pays en voies de développement. Mais les images d'une jeunesse abandonnée, une jeunesse souffrante ne quitte pas les Etats Unis pour atteindre les autres parties du monde. Ce sont en général les américains qui choisissent ce qui doit être diffusé par la plupart des télévisions émettant par satellite. Ils contrôlent presque l'intégralité de l'internet. Ce sont en majorité leurs journalistes qui font le tour du monde pour rechercher les 'belles' images et faire de bons reportages présentant à nu les côtés négatifs des autres gouvernements. Ils font voir au reste du monde que tout va bien chez eux. Que personne ne se préoccupe plus des besoins élémentaires de la vie en Amérique mais que là c'est pour le superflu qu'on peut faire des réclamations. Ils ont beaucoup des choses à montrer qu'ils ne peuvent pas exposer à la face du monde leurs faiblesses et leurs propres incapacités à répondre aux besoins de leurs citoyens. Pourtant les personnes les plus en difficultés ne sont pas les citoyens américains comme les jeunes filles qui avaient pris en otage l'étudiant congolais, mais plutôt parmi les immigrés, ces gens qui forcent pour venir trouver les moyens de survivre ici parce que la situation de chez eux est insupportable.

Après tout ce qui venait de se passer, Mbuma a commencé à dire à son chauffeur qu'il n'avait plus envie de continuer sa route justement car il n'espérait plus retrouver la fameuse direction et que même s'ils retrouvaient la route, le temps du culte était déjà dépassé.

- *Ramènes- moi juste à l'université et je pourrais seul me débrouiller pour rentrer à la maison. J'annule la visite que je devrais faire pour la rapporter à plus tard.*
- *Tu es sûr ? On va voir*, me disait-elle, *si tu veux, je peux te ramener à l'université*

- *Oui, fait ça je t'en prie.*

Mais en continuant cette nouvelle route qu'elle venait de prendre, elle a effectué un virage et soudain Mbuma a retrouvé les signes qui montraient qu'on était sur la fameuse route de l'église qu'on recherchait depuis plusieurs heures.

- *Mais c'est comme si nous sommes finalement sur la bonne route,* s'écria Mbuma à l'adresse du chauffeur.
- *Tu es sûr* ?
- *Oui, apparemment, tu ne vois pas ces inscriptions sur les panneaux* ?
- *Oui, je vois, peut-être tu as raison.*

Et ce comme cela que nous nous sommes retrouvés sur cette route qui conduisait vers l'église que Mbuma recherchait. Ils ont continué jusqu'à retrouver l'avenue où se trouvait l'église. Néanmoins Mbuma savait qu'il y allait pour rien car le culte était déjà fini mais il n'osait pas montrer sa déception à son chauffeur car il était comme une souris prise au piège et qui essaye de se libérer en vain. En arrivant quelque part, il a fait semblant d'être bel et bien arrivé en enjoignant à son chauffeur de s'arrêter pour le déposer.

- *Je pense je suis arrivé, tu vas devoir me déposer là devant juste à côté du bâtiment en jaune.*
- *Tu es bel et bien arrivé ?*
- *Oui, c'est là que je vais merci.*
- *Ok, je suis contente que finalement je sois en mesure de te faire arriver où tu allais. Je vais te déposer là-bas.*

En arrivant je l'ai remercié avec un sentiment de joie et d'étourdissement. Je voyais que j'étais enfin libre pourtant je me voyais déjà presque mort.

- Merci beaucoup mademoiselle, tu avais vraiment l'intention de m'aider. Et puis Mbuma a continué. Excuses moi pour tout ton temps que j'ai gaspillé pour rien et surtout ton carburant.
- Non, ça va, je suis contente que tu sois arrivé au lieu de ta destination. Tiens, voici mon numéro, on ne sait jamais peut-être tu auras encore besoin de moi. Bye.

Le soir Mbuma s'était rappelé de sa « bienfaitrice » du jour lorsqu'il essayait de passer en revue la journée. Il n'en croyait pas ses yeux en se rendant compte qu'il s'était sorti indemne dans cette aventure qui ressemble plus à une chimère. Bien sûr, il avait perdu quelques billets de dollars mais pour lui ce n'était rien car il risquait vraiment sa tête vu qu'il était pendant plus de deux heures entre les mains des inconnus dont il ne maitrisait pas l'intention. La jeune femme qui l'avait pris à bord de sa voiture, avec le comportement qu'elle commençait à afficher en se droguant en sa présence sans ambages l'avait terrorisé. Mais le fait qu'elle ait repris la route et le conduire jusqu'à destination sans exiger quelque chose d'autres faisait en sorte que Mbuma puisse penser que la jeune femme n'avait aucune intention maléfique. Et ce sont ces petits sous dont elle avait réellement besoin pour son marijuana ? Est ce qu'elle connaissait bien la route mais faisait d'abord semblant pour extorquer sa victime ? Comment Mbuma pouvait en savoir plus. Ce dont il était déjà sûr, c'est le fait que les autres femmes rencontrées étaient d'apparence légère, et sans se tromper il les qualifiait de prostituées. Il hésitait de croire que celle que l'avait conduit pendant la journée puisse être de cette carrière. A part le fait de se droguer (c'était bien sûr un signe très paradoxal qu'on avait du mal à associer avec cette femme), rien d'autres ne le présageait à ce métier moins noble. Avec son habillement très irréprochable même pour un Africain qui venait à peine de quitter le continent, son langage apparemment très simple et sage, sa démarche bien équilibrée ne laissait rien de suspect. C'est pourquoi Mbuma a pris la décision de faire un SMS à la femme juste pour lui dire merci. En le faisant, il ne c'était pas passé 5 minutes avant que la réponse n'arrive. Et cette réponse contenait un message codé qu'un non natif ne pouvait comprendre. Elle disait ceci : *oui merci monsieur pour ton petit message, mais est ce que je peux travailler pour toi moyennant 20$?* Mbuma n'a pas compris la quintessence de la question. Il s'est dit que peut-être la femme lui avait envoyé le message destiné à une autre personne par inadvertance. Il a voulu avoir la précision en reposant lui aussi une question :

- *Mais s'il te plait, je ne comprends ce que tu dis parce que je ne t'ai pas proposé un quelconque travail.*
- *Non monsieur, tu n'as donc pas compris ? J'ai demandé si on peut faire le sexe moyennant 20$. Je manque l'argent pour acheter ma petite poudre que tu as vu la journée et puis je suis seule, je m'énoue un peu (I'm chilling [pour utiliser son expression]). Tu vois ?.*
- *Je m'excuse, je ne suis pas en mesure de faire ce que tu demandes, d'ailleurs je pense que ni la drogue ni le commerce du sexe, rien n'est aussi bon pour toi.*
- *Je ne t'ai pas demandé ce qui est bon pour moi, j'ai demandé si tu veux recevoir mon service.*
- *Non, je ne suis pas prêt pour un tel service.*
- *Ok, au revoir.*

Et c'est comme cela que Mbuma a pu identifier clairement la profession de celle qu'il avait du mal à qualifier. Il a compris qu'il était tombé dans un piège d'une professionnelle du sexe mais qui était gentille avec lui parce qu'elle avait choisi la stratégie de ne pas montrer clairement ce qu'elle était pendant cette journée mais avait fait semblant de demander service aux autres femmes qui étaient visiblement de cette profession de par leur langage, leur habillement et leur comportement. Sa stratégie était celle d'apprivoiser d'abord sa proie afin de montrer les griffes au temps convenable. Mbuma n'était pas au bout de sa surprise car lui-même a voulu tenter une autre aventure. Cette fois-ci c'est lui qui devait provoquer car il pensait que cette femme pouvait lui être utile pour autre chose.

Comme Mbuma avait un projet de recherche à faire dans le cadre d'un de ses cours, et qu'il se demandait encore comment orienter ce dernier tellement il était nouveau dans le milieu et se demandait quelle catégorie des gens il pourrait intéresser pour sa recherche, l'idée lui est venu de proposer à cette professionnelle du sexe de l'aider en mobilisant quelques autres femmes de son groupe qui pourront consentir à participer à une petite recherche dont le sujet serait de partager leurs expériences de jeunes femmes dans le secteur informel de l'emploi ou du chômage ou même parler de l'expérience en tant que femme célibataire dans la culture d'ici autant qu'elles voudraient s'identifier. On pourrait juste avoir une ou deux réunions ou elles parlent de leurs vies selon ce qu'elles voudraient partager. On pourrait discuter avec Diva quelle serait la compensation à prévoir pour ces femmes qui se porteraient volontaires. Une femme célibataire en Afrique a moins de considérations par rapport à la femme mariée. Qu'en était-il ici en Amérique ? S'il y a des différences, quelles seraient-elles et à quoi seraient-elles dues ? Quelles sont les forces ou côtés positifs d'être femme adulte mais célibataire et quelle serait les côtés faibles ou négatifs ?
Mbuma se demandait s'il décidait de continuer la conversation avec cette femme, si ça ne serait pas l'occasion pour elle de tenter encore une fois comment l'avoir. Mais comme il se demandait il était en quelque sorte coincé par cette exigence des études, il devrait encore une fois prendre le risque et cette fois en toute connaissance au préalable. Il fallait chercher comment rencontrer la femme et lui proposer l'idée.
Avant de la recontacter, Mbuma a eu l'idée de demander conseil à un de ses voisins d'appartement avec qui il avait partagé sa mésaventure de l'autre jour et celui-ci lui a encouragé en disant de ne pas avoir peur, juste faire en sorte que si elle accepte de revenir que le dialogue se fasse dans un endroit public.

Deux jours plus tard, Mbuma a envoyé à sa nouvelle correspondante occasionnelle un SMS lui disant qu'il avait un message important qu'il voulait partager avec elle. Il se disait que s'il dit clairement à l'avance, ça ne seras pas facile qu'elle comprenne au téléphone, mais si elle accepte de venir pour une conversation, elle pourra poser des questions et avoir plus d'éclaircissements pour décider si elle devra être l'intermédiaire dans ce petit projet de recherche. En envoyant le message, elle a répondu rapidement disant qu'elle était disponible pour m'écouter, elle a proposé queje l'attende au lieu qu'elle m'avait pris l'autre jour.

Le lendemain après-midi, Mbuma était debout au lieu du rendez-vous et il n'a pas attendu longtemps avant que la jeune femme ne débarque, cette fois dans une voiture conduite par une autre personne qui l'a juste déposé avant de continuer sa route.

- *Je suis là* disait la femme à Mbuma.
- *Oui, bien venue.* Mais en la regardant, elle était en train de suer pourtant elle venait fraichement de sortir d'une voiture.
- *Qu'est ce qui se passe* demandait Mbuma à sa convive, *pourquoi tu es en train de transpirer comme ça* ?
- *Non il n'y a rien, j'étais en train de faire des exercices physiques, c'est pourquoi tu me vois suer.*

Au lieu de l'orienter vers l'appartement où il logeait, Mbuma a pris la direction de l'espace public à côté de la grande piscine du complexe abritant les appartements.

- Mais où est qu'on va monsieur ?
- Nous allons nous asseoir là devant à côté de la piscine pour parler.
- Mais, je ne comprends pas, tu m'as appelé pour parler ?
- Oui, je te l'avais dit ?
- Mais moi je pensais que c'était ta façon de dire, tu veux me parler de quoi ? Au lieu de m'amener ici, conduis-moi plutôt vers ton appartement, tu vois bien comment je suis en train de suer, j'ai besoin de prendre une douche.
- Non, on ne va pas trainer, on va juste causer un peu et puis tu vas repartir pourte laver chez toi.
- Non monsieur, moi j'ai besoin de prendre une douche et puis je ne pourrais pas venir si je savais que tu m'appelais juste pour une conversation. Moi je fais du business et je n'ai pas le temps à perdre, je me suis déplacé parce que je savais que je venais chez un client et toi tu commences à me parler de conversation, des recherches, en quoi tu trouves cela m'intéresser moi ?, et mon temps que tues en train de perdre ?
- Excuses moi, je ne vais pas te prendre beaucoup de temps, juste 5 minutes, et on aura dit tout ce qu'il faut.
- Donc tu veux dire que tu ne vas pas m'amener chez toi pour que je prenne au

moins une douche et repartir ?

- Non, ça ne sera pas possible car mon collègue est parti avec la clé de l'appartement à mon insu.
- Je suis vraiment désolée pourquoi je suis venue te voir.
- Donc pour toi, c'est juste l'argent dont tu as besoin ?
- Tu dis que tu m'appelais pourquoi ?
- Pour me faciliter une recherche auprès des jeunes femmes parmi tes collègues qui aimeraient partager leurs expériences dans la vie en tant que célibataires.
- Ça va, j'ai compris, je n'ai pas du temps pour ça aujourd'hui. Moi je suis venue faire du business et le business suppose l'argent. Pas les conversations inutiles.

  Je n'ai pas le temps pour écouter tes histoires car je suis dessue. D'ailleurs je pars.
- C'est vrai tu pars, sans écouter encore une seconde ?
- Oui, je pars. Et elle avait refusé de se mettre et elle s'est retournée pour repartir. Et Mbuma désarmé et à bout d'arguments a lancé,
- Attends juste une minute. Prends 10$ pour ton transport, tu t'es quand même déplacée pour moi, tu peux au moins rentrer sans colère même si moi j'ai raté ma mission car je pensais qu'en dehors de ton business on pourrait parler autrechose.
- Merci pour l'argent, mais ça ne suffit pas par rapport à mes besoins d'aujourd'hui, si tu peux ajouter encore quelque chose.
- Non malheureusement, c'est tout ce que j'avais pour toi.
- Dommage, merci quand même, lorsque tu seras prêt avec ta recherche, fais-moi un message, je pourrais voir si je peux t'aider à mobiliser mes copines. Bye.

De cette rencontre inhabituelle, Mbuma avait quand même tiré plusieurs leçons ; que les problèmes du monde étaient similaires partout : provenant de l'Afrique, au sud du Sahara d'un pays classé parmi les plus pauvres parce que mal gouverné depuis plusieurs décennies, Mbuma croyait comme tous ses compatriotes d'ailleurs pour ne pas dire tous les Africains, qu'ici tout était rose, l'argent circulait et coulait comme l'eau coule du robinet. Il avait appris que tout le monde ici de l'autre côté de l'Atlantique était sous l'ombre du gouvernement qui garantissait à tous ses citoyens une vie heureuse peu importe leurs statuts sociaux. Même les chômeurs recevaient un fond minimum du gouvernement mensuel permettant de ne pas envier un fonctionnaire d'un pays en développement. Je pense qu'il fallait être ici pour voir que la réalité était tout autre. Cette femme ne faisait pas la profession du sexe par un simple plaisir. Non, elle avait dit clairement qu'elle voulait l'argent pour subvenir aux besoins les plus élémentaires de sa vie : trouver de quoi acheter sa poudre blanche dont elle était devenue dépendante à force de l'utiliser. Et pourquoi elle en est arrivée là ? Certainement à cause des problèmes et des soucis de la vie, elle n'a pas trouvé d'autres solutions que de se droguer au quotidien pour oublier son malheur et vivre heureuse comme tout le monde. Il est probable que c'est à cause des soucis liés à la pauvreté qu'elle a pris sa première cocaïne, et que par la suite comme elle était incapable de s'en procurer à son gré, elle a choisi de vendre ce qu'elle avait de plus sûr sur elle. Avec le temps, elle en a pris goût, et c'est devenu une profession. La situation des autres femmes que Mbuma avait rencontré le jour où il était détourné par cette femme dans ce quartier peu recommandable de l'Amérique était plus pitoyables car on pouvait lire l'image de la misère sur leurs visages et même la façon dont elles se réjouissaient de recevoir de Mbuma les quelques petits billets qui leurs serviraient pour l'achat de cette poudre réjouissante, non je voulais plutôt dire hallucinante. Elles étaient toutes contentes et cela ne manquait pas d'étonner leur hôte qui pourtant était dans une situation très délicate. Il ne savait pas où il était et pourquoi il se retrouvait là en ce moment car ne maitrisant pas les intentions de ses ravisseuses. Les maisons de ces quartiers au Sud Est de Gainesville étaient particulièrement méconnaissables par leurs tailles. C'étaient des maisons de la taille d'un container de 40 pieds et plus petites que ça et dispersées dans les ombrages de quelques arbres. Ici ce n'était pas l'Amérique qu'on a toujours tendance à nous montrer à la télévision. Cet Amérique qui semble être entre le ciel et la terre, d'ailleurs on pense que l'Amérique est plus au ciel que sur la terre lorsqu'on voit ces monuments gigantesques et magistraux symboles de la grandeur oubliant qu'ils cachent derrière eux les taches de la pauvreté franche, comparable à celle qui se vit en Birmanie, en Somalie ou en RDC.

La deuxième leçon et la plus importante n'était autre qu'un rappel d'un dicton bien connu : « *tout ce qui brule n'est pas de l'or* ». Mbuma avait vu une voiture venir s'arrêter juste à ses pieds, dedans une jeune dame. Elle était belle d'apparence, noire comme lui, avec un habillement qui ne pouvait permettre aucune suspicion car elle portait un t-shirt bien ample, éclatant, un pantalon aussi ample cousu en modèle sportif en étoffe de soie et portant aux pieds des baskets comme chaussures. Cet habillement était d'autant impressionnant qu'on aurait pu croire qu'on était bien en été, la période où il est rare de voir des jeunes femmes habillées en pantalon. Au contraire, ce sont des petites culottes que les mères et leurs filles portent en cette période et le pantalon est donc une exception. Elle avait quelques tatouages sur l'avant-bras gauche mais pas de façon exagéré comme on le voit chez plusieurs personnes ici. Bref, elle était d'allure très respectable et ne faisait passer aucun soupçon. C'est pourquoi Mbuma était facilement tombé dans son piège en mettant de côté son doute. Il a accepté l'invitation de monter à bord de cette voiture. '*Peut-*

être qu'elle se rend aussi à l'église comme moi', pourrait-il imaginer dans sa tête. Encore que se rendre à l'église n'effacerait pas tout soupçon car c'est tout le monde qui se rend à l'église. Je me souviens qu'au Congo (en RDC), c'est à l'église qu'on se sent plus vulnérable par rapport au vol qu'ailleurs. Là aussi les voleurs savent que les gens ont l'habitude de fermer les yeux pour prier, et ils en profitent en ce moment pour récupérer les sacs des gens et s'en aller avant que ces derniers n'aient ouvert les yeux. Certaines églises ont finalement adoptée le système de caméra de surveillance pour essayer de dissuader les voleurs car ces derniers sont insensibles aux prédications. Il ne pouvait se faire une idée qu'il montait dans la voiture d'une des meilleurs professionnels du sexe de la ville. Il n'avait pas l'habitude de voir les professionnels du sexe en voiture, à moins qu'elles escortent déjà un client. Au contraire, il savait que de telles femmes attendaient au bord de la route, naturellement à la tombée de la nuit et à des endroits bien précis, c'est-à-dire à proximité des clubs de nuit, des casinos ou des restaurants/hôtels. L'endroit où il se trouvait n'avait rien de similaire à cette description. Il était d'ailleurs 9h du matin dans un quartier résidentiel qui n'a aucun bar, aucun restaurant mouvementé et aucun casino. Quelquefois l'apparence trompe et c'était le cas ce jour-là. Il est possible que la jeune dame ait loué la voiture pour quelques courses ce jour-là, ou qu'elle utilisait une voiture d'un de ses clients ou amies, et elle en a profité pour faire sa pèche. Elle avait utilisé une bonne méthodologie car elle n'a pas montré vite ses griffes mais elle a prétendu qu'elle faisait juste le bon samaritain en attendant que l'occasion favorable puisse se présenter et qu'elle puisse enfin proposer son business. La journée, elle avait bien réfléchi d'utiliser ses complices pour extorquer quelques sous et s'acheter sa poudre en prétendant qu'on motivait la personne qui devrait montrer la bonne direction à prendre. Je suis sûr que l'accent du langage de son hôte l'avait bien renseigné qu'elle était en face d'un étranger mais Dieu merci, elle n'a pas décidé de lui faire du mal car Mbuma était bel et bien à sa merci et elle le savait bien. Cette leçon, il est bien que ceux qui ne sont pas encore sorti du continent et qui brulent d'envie d'en sortir peu importe le prix puissent s'en servir. Méfiez-vous de l'éclat que nous voyons dans des films. Il y a beaucoup des choses qui se cachent derrière. Moi aussi je pensais de cette façon et je rêvais autant d'avoir la chance de vivre ici, de voir avec mes yeux et de palper la réalité. Comme on dit la terre est ronde et elle tourne c'est vrai et il ne faut pas seulement être géographe pour le voir. La mondialisation n'est pas seulement le fait que la technologie facilite les échanges entre continents et que les mêmes phénomènes se transmettent partout dans le bon sens, la mondialisation c'est aussi la globalisation des problèmes sociaux : le chômage, la délinquance, l'incapacité des gouvernements à répondre efficacement aux besoins de base de sa population. Nous sommes tous dans un même bateau mais la réalité est qu'il y a ceux qui sont assis aux endroits où sa suinte ou bien non couvert et qui sont à la merci du vent, de la pluie et du soleil. Il est vrai que nous sommes tous exposés aux mêmes risques mais à des degrés différents et si rien n'est fait on risque tous de se noyer et personne ne pourra plus se moquer de qui que ce soit. Trump peut bien construire sa clôture s'il continue à séduire les américains jusqu'au bout, mais cette clôture ne fera qu'accroitre la haine, la jalousie et créer des terroristes en Amérique central. Cette clôture ne pourra pas résoudre les inégalités internes créées et entretenues par les conséquences du système très puissant du capitalisme au sein de la société américaine.

Troisième leçon et la dernière : après cette mauvaise aventure, notre étudiant Africain a décidé d'abandonner pour de bon son projet de fréquenter cette église qu'il aimait pourtant. Il a vu que s'il continuait éperdument, il pourrait mettre sa vie définitivement en danger et il a considéré que l'incident avec la femme n'était autre qu'un avertissement qui lui était orienté par le bon Dieu. Il a donc décidé de chercher une église peu importe laquelle dans un milieu pas trop éloigné de son quartier qui n'avait presque pas d'église et par hasard il est tombé sur une petite église méthodiste et il en a fait sienne. C'était d'ailleurs sa première expérience et son premier contact avec cette dénomination. C'est là qu'il a finalement fait sa petite recherché semestrielle, et c'est encore là qu'il prie chaque dimanche avec la petite communautéformée essentiellement des personnes du troisième âge.

9. Animaux humanisés jusqu'à surpasser l'humain

En arrivant en Amérique, Mbuma a fait un constat : les animaux avaient bien une place de choix dans la vie des américains. Encore une fois il essayait de comparer sa culture avec la culture d'ici en rapport avec la place que les animaux occupaient dans la vie des humains et il s'est rendu compte qu'il y avait une très grande différence.

Pour lui, cette différence n'était pas le problème car à chaque culture correspond une réalité mais ce qui l'étonnait plus c'est le fait que les réalités de chez lui dans toute leur totalité étaient perçues de façon négative alors que tout ce qui se faisait ici était loué et présenté comme l'idéal, le modèle à suivre. Chez lui lorsqu'une personne ou une famille passait la nuit dans la même maison que les animaux, elle était considérée comme arriérée, pauvre, non civilisée et donc quelqu'un qui avait besoin d'être enseigné les notions élémentaires de la propreté et dont on devrait se méfier car considéré comme porteurs des zoonoses. Lorsque par exemples ces américains et leurs cousins Européens allaient dans un de ces continents qu'ils considèrent encore comme étant en retard comme l'Afrique pour faire des recherches bonnes ou mauvaises, ils ne manquent pas d'ajouter sur la fiche de collecte des données un indicateur qui pour eux est très important qu'ils formulent comme ceci : *ménage où les animaux partagent la même maison avec les humains.*

En analysant l'idée derrière cet indicateur, vous comprenez justement qu'il est fondé sur une moquerie et un dénigrement. Pour une étude qui ne vise en aucun cas à étudier les interactions entre humains et animaux que ça soit du côté positif ou du côté négatif, pourquoi un tel indicateur doit être au premier plan. C'est seulement au sens péjoratif qu'il pose cette question pour ensuite émettre des critiques par rapport à la culture ou niveau de la pauvreté et qu'en sais-je encore. Pour eux, les animaux devraient passer la nuit à part, et les humains à part. C'est le modernisme. C'est vrai les personnes qui passent la nuit dans la même maison avec les animaux là-bas en Afrique et dans d'autres continents le font parce qu'ils n'ont pas d'autres maisons et donc pas d'autres possibilités que de garder leurs bêtes avec eux. En quoi on doit se moquer d'eux ? Pourtant ce qui se fait dans le pays de rêve est tout à fait inadmissible en mon sens parce que non seulement ils passent la nuit avec les animaux dans la même maison, mais ces animaux ne sont plus considérés comme des animaux mais ils sont humanisés. Le plus grand problème est que dans cette culture on est arrivé à ne plus prendre conscience que leurs animaux sont animaux au même titre que ceux qu'on trouve ailleurs dans d'autres cultures. On les appelle chiens, chat, chèvres, mouton, vache, lapin etc. Ils appellent leurs bêtes, animaux de compagnie pourtant tout animal peut être de compagnie si on l'habitue à ce mode de vie. Le grand problème est qu'ils passent la nuit non pas seulement avec les animaux dans la même maison, mais les animaux occupent les places des humains dans leurs maisons.

Mbuma suivait la conversation entre deux personnes et ils comparaient deux couples en disant : le premier couple a deux enfants mais le deuxième vit avec son chien.

C'était une interpellation pour lui, le chien dans le deuxième couple occupait la place qu'occupaient les deux enfants dans le premier. C'était comme un choc pour Mbumaqui ne pouvait pas s'imaginer qu'un animal soit élevé à ce niveau.

Il lui arrivait d'observer comment les animaux dits « de compagnie » étaient traités dans cette culture et il ne faisait qu'être choqué du jour au lendemain. Un jour, il a vu une dame en train de baiser le museau de son chien en présence de son mari et de sa fille. Vous savez que le museau du chien est toujours mouillé. Mais cette dame, de la même bouche avec laquelle elle baise son mari et ses enfants, elle baisait son chien et pour elle, c'était normal! Quel contraste ? C'est sûr que les défenseurs des pratiques élevant les animaux au rang des humains eux comprennent facilement ce phénomène pour lequel certains ont mis de côté la compassion qu'ils réserveraient aux autres humains nécessitant. Ces chiens, ces chats sont soignés à l'hôpital, qu'ils mangent comme des humains et ils ont leurs propres budgets dans la famille, et alors ils ne sont plus animaux et deviennent en quelque sorte « humains » avec tous les privilèges réservés aux humains. C'est justement la difficulté pour une personne qui n'est pas de cette culture de comprendre tous ces phénomènes. Pourquoi un animal devrait changer son statut et rejoindre les humains et se disputer leurs statuts ? Un chien c'est un chien et devrait rester dans sa niche. Et ces chiens et chats humanisés ne font rien à part le fait d'être dorlotés et d'amuser leurs maitres. Bien sûr que dans cette culture, c'est difficile qu'un tel raisonnement soit admis tellement que les gens sont individualistes et introvertis et qu'ils aiment dépenser pour eux-mêmes et non pour les autres. Ailleurs les chiens ne sont pas là justes pour embellir la maison, ou pour tenir simplement compagnie à leurs maitres. On élève les chats et autre animal de compagnie certes pour la compagnie mais aussi pour une autre question plus grande que ça, pour résoudre un problème qui troublerait la famille : la présence des souris.

Il est vrai aussi que ces animaux peuvent amuser les enfants dans la maison mais leur tâche principale pour le chat est d'empêcher que les souris viennent s'amuser dans la maison et y amener des maladies, pour les chiens d'alerter que quelque chose d'inhabituel se passe dans la parcelle surtout la nuit. Dans les villages aussi le chien joue un grand rôle d'aider son maitre à la chasse, non pas la chasse d'amusement mais celle qui constitue une nécessite pour nourrir la famille. Oui, c'est la raison pour laquelle ces animaux vivent avec les gens. Le chien pour cela n'est pas juste là pour consommer, gaspiller. C'est comme un chien policier qui peut attraper la drogue, dénicher les explosifs etc. Si ceux du Nord sont soignés à l'hôpital, c'est quand même les vétérinaires qui les soignent et non les médecins pour humains. Alors je ne vois pas pourquoi on doit se permettre de les considérer comme des humains et les laisser monter dans les lits pour humains, une place dans la cabine de la voiture, une chambre dans la maisonComment les gens du Nord alors viennent-ils donner des leçons sur le fait que les animaux passent la nuit dans la même maison que les humains et trouvent ce phénomène étrange pour les autres, pourtant les autres gardent quand même une distance avec ces animaux et ne les considèrent que juste comme des animaux contrairement aux pratiques de donateurs de leçons ? Qui peut, entre ceux du Nord et ceux du Sud, condamner l'autre et qui peut finalement donner la leçon à qui ? Malgré les efforts qu'ils font pour habituer leurs animaux à la vie humaine, ils ont de la peine à oublier qu'ils sont chiens ou chats ou singe etc. Aucun de ces animaux ne peut jamais demander le pot pour faire selle. Ils chient à même la terre comme c'est leur nature et leurs maitres se promènent avec des petits sacs en plastics pour ramasser les déjections de ces animaux humanisés. Malgré qu'ils mangent dans des plats et qu'ils ont un budget colossal pour leur nourriture, ils ne manquent pas de chercher à ramasser le petit morceau tombé de la table ou même de renverser les poubelles pour chercher à manger car c'est leur nature. Que ceux du Nord ne critiquent pas ce qui se fait ailleurs car ce qu'ils font est plus ridicule pour unœil étranger à leur culture.

Un jour Mbuma reçoit une invitation à une fête. Avant de donner son avis, il devait se renseigner de quelle fête il s'agissait. C'est un anniversaire lui a-t-on dit de passage. Il n'a pas beaucoup posé des questions car il savait que pour ceux qui ont des moyens, l'anniversaire c'est une grande fête même s'il savait qu'ailleurs le jour de l'anniversaire c'est un jour ordinaire pas parce qu'on ne le reconnait pas mais parce qu'on n'a pas de moyens pour célébrer et inviter des gens.

Lorsque le jour de l'anniversaire approchait, Mbuma a eu l'instinct de consulter la page Facebook qui était consacré à l'évènement. A sa grande surprise, au lieu que la fête d'anniversaire puisse concerner la personne qui envoyait les invitations, elle concernait au contraire son chien. Mbuma a bien regardé pensant qu'il s'était trompé, mais non, l'anniversaire était bien celui du chien dont il n'a même pas eu le temps de retenir le nom tellement il était étonné. Le chien en question avait été photographié et son image apparaissait sur la page du réseau social. Il était étendu sur un tapis beige, bien habillé, entouré des ballons d'air multicolores, et portait sur sa tête une couronne. C'est donc l'hôte qui devrait recevoir Mbuma et plusieurs autres personnes qui avaient été invitées à participer à cet évènement festif. En lisant le texte à coté, il a compris que l'anniversaire n'était pas de naissance mais celui de l'adoption car c'est comme ça qu'on l'appelle ici. Le chien n'a pas été acheté comme on achète les chiens, les chats, les chèvres, les lapins et les moutons au Sud, mais il a été adopté comme on adopte les enfants dans des familles qui en expriment le désir. Le chien était devenu membre de cette famille et en comptant les membres de la maison, on devrait aussi compter cet animal. Tellement il faisait la joie de son propriétaire, il faudrait lui organiser aussi des cérémonies autant qu'on en organise pour les autres 'enfants' de la maison. Qu'est-ce que le chien a à faire avec une fête d'anniversaire ? Pour répondre à quel besoin ? En organisant une fête d'anniversaire à un chien peu importe sa valeur dans la maison, a-t-on pensé au moins combien des personnes nécessiteuses ces dépenses peuvent aider non pas seulement en pays en développement mais même au Nord parce que là aussi on voit des personnes qui manquent le minimum ?

Les gens ici pensent que tout ce qu'ils gagnent leur appartient. Ce c'est qu'on leur a enseigné depuis l'enfance. Ils gagnent pour eux-mêmes, pour leurs enfants, et pour leurs animaux de compagnie ou d'élevage. C'est l'exaltation de la propriété privée. L'exaltation du moi prônée dans le capitalisme. S'il y a un pays plus capitaliste au monde, ce sont les Etats Unis selon le constat fait par Mbuma. Aux Etats Unis, les gens savent emmagasiner pour eux, pour le futur, pour des générations. Trop introvertis, le problème du voisin ne les concerne pas parce qu'ils pensent que tout le monde vit dans le même environnement et jouit de mêmes opportunités. Certains développent un type de raisonnement tel que : si j'ai réussi dans cet environnement c'est que n'importe qui peut y réussir et celui qui ne réussit pas c'est sa faute. Il est d'ailleurs possible qu'il ait choisi de ne pas réussir parce qu'il aime une vie modeste. C'est pourquoi dans un tel contexte, il est difficile que quelqu'un t'observe seulement et décide de t'aider car même s'il observe un besoin particulier, il est tenté de croire que c'est un choix délibéré au lieu de penser que c'est une incapacité. Les gens alors construisent des monuments à leurs chiens, à leurs chats, à leurs perroquets ou à autre chose selon ce qu'ils veulent et qu'en sais-je encore car ils ne se sentent pas responsables de ceux qui se passent pour les autres plus pauvres. Dans cette partie du monde, il n'y a que les églises qui essaient un peu de sensibiliser leurs adeptes à penser aux autres, à faire les gestes de charité. Pourtant de plus en plus, les églises sont en train de perdre leur influence car la société américaine se libéralise de plus en plus. La liberté certes est bonne mais lorsqu'elle s'applique dans tous les domaines de la vie et que presque toutes les lois deviennent subordonnées à celle du libéralisme accentué alors c'est le gâchis qui est consacré. Malheureusement c'est la tendance dans toutes les sociétés occidentales aujourd'hui. Toute personne a un nombre des libertés lui permettant d'écouter ou de ne pas écouter, de penser ou de ne pas penser, de faire ou de ne pas faire. Avant, on pouvait donner un conseil à quelqu'un lorsqu'on avait une idée prouvant que celle-ci déraisonnait en prenant une décision dangereuse pour sa vie. Aujourd'hui les parents sont désarmés devant leurs enfants parce qu'ils doivent respecter leur liberté. Parfois le papa ou la maman doit attendre que bébé ait 18 ans pour décider d'une chose qui pourrait se faire à 3 mois ou 3 ans parce qu'il faut attendre que ce dernier puisse être en mesure de prendre sa décision en tant que majeur. Il est probable que prochainement pour les églises qui baptisent les enfants, qu'elles puissent se voir poursuivies par les lois de leurs pays parce que leurs actes considérés comme étant en contradiction de la loi ou sous peine des poursuites judiciaires parce que le consentement des parents n'étant pas considéré comme valable. Et certains enfants pourront poursuivre leurs parents en justice pour les avoir mis au monde sans leur accord préalable.

Où est la place de l'autre dans ma vie ? Où est la place de l'autre dans mes affaires, en ce qui concerne mes avoirs ? Va-t-on continuer à privilégier les animaux pendant que les humains souffrent? Au lieu d'adopter un chien, pourquoi ne pas adopter un enfant et juste élever un chien ou un chat comme on élèverait un cobaye ? Nous avons la responsabilité en tant qu'humains de nous entraider et nous exprimer l'humanité. L'humanité c'est l'amour du prochain, l'amour désintéressé, l'amour sans calcul ni un besoin de réciprocité.

En ce qui concerne l'invitation pour la fête d'anniversaire, après analyse des faits, Mbuma a décidé de ne pas aller à cette fête commémorant l'adoption au sein d'une famille d'un chien. Il ne pourrait pas supporter d'être là en train de chanter pour un chien, d'acclamer, de rigoler, de manger et de boire pour l'honneur pendant qu'il savait combien des gens croupissaient de misère et personne ne leur faisait égard.

10. A la découverte des fêtes américaines

Les Etats-Unis ont une culture qui respecte les festivités. La différence avec ce que Mbuma avait l'habitude de voir en Afrique, les journées nationales ou internationales consacrées aux fêtes sont réellement des occasions pour la population américaine de célébrer et d'organiser les cérémonies de réjouissance. Pourtant en Afrique, les fêtes nationales sont des fêtes de nom et parfois elles se passent dans la méditation et quelques fois il n'y a que les politiciens qui organisent une mascarade pour tromper l'opinion publique. Parfois c'est l'imposition des défilées pendant que les personnes qui défilent n'ont rien de joie dans leurs cœurs mais ont peur de se voir réprimer pour n'avoir pas participé aux fêtes décidées par les politiques. Aux Etats Unis par ailleurs les fêtes sont réellement des fêtes au vrai sens du terme. C'est une occasion d'effectuer des dépenses, de se réjouir en famille, dans les entreprises publiques.
Comme partout, les grandes fêtes se concentrent vers la fin de l'année et commencent en Octobre par l'Halloween pour se prolonger au début de l'année suivante par la Saint valentin le 14 Février. Entre mars et septembre il y a d'autres fêtes dont la plus grande est celle qui commémore l'indépendance du pays célébré le 4 juillet depuis 1941 mais dont la tradition remonte depuis le 18e siècle. En effet, c'est le 2 juillet 1776 que le congrès continental a voté en faveur de l'Independence mais les c'est le 4, c'est dire 2 jours après que les délégués ont adopté à l'unanimité la déclaration de l'indépendance dont Thomas Jefferson avait rédigé le brouillon. Cette date se célèbre avec grands bruits et festivités avec des feux d'artifice, des parades, de grands concerts et des fêtes familiales où la tradition exige la présence d'une viande rôtie à lapoële, (History, ?)

Parmi les fêtes célébrées avec faste aux Etats Unis, nous pouvons citer :

10.1. Halloween

Halloween est une fête célébrée le 31 Octobre de chaque année. Cette date précède exactement la fête de la Toussaint où la fête des tous les saints proclamés par le pape Boniface en 609 après Jésus Christ en l'honneur de tous les martyrs chrétiens. Cette journée du premier novembre a été par la suite consacrée à tous les morts. Halloween vient de '*all hallows*' qui signifiait '*tous les saints*'. La tradition dit qu'il y avait une croyance selon laquelle les esprits venaient circuler dans le quartier le jour avant la fête des tous les saints pour empêcher aux gens de rencontrer les saints qui devraient aussi visiter les familles le lendemain. Ces esprits nuisant n'avaient d'autres objectifs que de tuer toute personne rencontrée à l'extérieur ou sur le chemin. Il faudrait pour éviter les esprits, se déguiser et faire en sorte que vous puissiez les ressembler. C'est pourquoi les gens devraient porter les tenues appropriées ressemblant aux esprits ou aux morts afin qu'ils puissent facilement marcher parmi les esprits et être confondus avec eux.

Les migrants européens sont partis en Amérique avec cette tradition et l'on même fait accroitre au nouveau monde plus que dans leurs pays d'origine. En effet, Halloween est devenue une fête fédérale, un congé observé par tous et une occasion de faire plusieurs cérémonies en familles. Les préparatifs de ces cérémonies commencent déjà dès le début du mois d'octobre et vous pouvez le remarquer par les boutiques et les supermarchés qui changent d'articles et s'enrichissent des objets spécifiques et relatifs à la fête en question. Pour un étranger, c'est très facile de remarquer comment d'un coup les objets bizarres, horrifiants, propres aux films d'horreurs pullulent dans les grands magasins. Curieusement, il n'y a que les étrangers qui peuvent s'étonner car les autochtones sont très familiers et d'ailleurs très contents de ces choses. Vers la deuxième moitié du mois d'octobre, toutes les maisons sont colorées et garnies de ces objets culturels un peu étranges. Le pays prend l'allure d'un sanctuaire magique, la maison du diable lui-même. On dirait être au royaume des sorciers avec des squelettes, des cranes suspendus aux fenêtres, des citrouilles représentant les esprits, les images horrifiantes un peu partout. La tradition semble être respectée par toutes les religions et les non croyants. Le soir du 31 Octobre la fête commence avec le défilé des petits enfants qui passent de maison en maison pour se faire de petits cadeaux comme les bonbons. Ces enfants sont déjà revêtus chacun par son costume, son masque, bref sa tenue de scène. Les parents sont contents d'effectuer de grandes dépenses pour célébrer cette fête, suivre la tradition car en effet les enfants ont leurs tenues appropriées, les parents ont les leurs. La maison est décorée pour la circonstance et parfois autours d'elle il y a des citrouilles et autres parures reflétant lamort.

En 2013, Mbuma était pour la première fois arrivé aux états unis les précèdent la date du 31 Octobre. Déjà, 15 jours avant, la ville de Washington DC avait une parure exceptionnelle à cause des préparatifs d'Halloween. Certes, il avait entendu parler de cette fête et avait vu quelques images y relatives à la télévision mais en live c'était la première fois. Il ne se demandait pas comment les personnes aussi civilisées comme les Américains pouvaient se sentir entrainées et émergées dans une tradition qui ressemblait plus aux coutumes Africaines d'il y a plus de 200 ans. En effet, lorsque les missionnaires et colonisateurs européens étaient venus en

Afrique il y avait beaucoup des croyances superstitieuses de la sorte et des rituelles similaires dans presque toutes les parties du continent mais ces missionnaires ont montré à nos grands-parents qu'ils étaient perdus en observant de telles pratiques, qu'ils croyaient aux puissances des morts, qu'ils adoraient les esprits. Nos grands-parents n'avaient pas discuté, ils ont vite adhéré à la nouvelle doctrine même sans tout comprendre car rempli des tromperies et des stratégies de domination et de servitude par ses animateurs. Les masques, les amulettes, les ornements 'sacrées' pour les cultes Africains n'ont pas été brulés comme il se devait normalement. Au contraire, tout a été regroupé et transporté dans les musées européens pour servir aux archéologues et autres chercheurs qui s'intéressaient à mieux connaitre notre culture. Ces musées se sont enrichis des objets volés, ou issue de l'escroquerie évangélique de ces missionnaires à la vie double.

Mbuma lors de son premier séjour n'a pas eu la chance de voir ce qui se passe exactement le jour même du 31 Octobre car sa visite était courte et qu'il était rentré vite avant que le jour J n'arrive. Mais deux ans après, c'est-à-dire en Octobre 2015, il a eu la chance de se retrouver sur le sol américain et de vivre l'évènement. Ce jour-là, il avait été invité par une de ses collègues pour fêter avec elle et les autres. Pour lui, c'était une occasion en or pour voir en détail comment se déroule la fête en question. Déjà il savait que la fête comme toutes les fêtes dépendait des moyens et du goût de la personne qui organise car il avait appris qu'il y avait une multitude d'alternatives qu'on pouvait avoir et alors chacun choisissait selon son désir et ses capacités.

Certains fêtaient à la maison, d'autres demandaient à des organisations privées de tout préparer afin qu'ils viennent seulement lorsque le décor est planté et qu'il ne restait plus que de se réjouir. D'autres participaient aux concerts organisés en cette soirée mais en respectant les styles et recommandations du jour en question. Pour Mbuma, il devrait participer à une fête organisée en famille par sa collègue.

D'abord quelques jours avant la fête, la collègue organisatrice avait changé le profil de sa photo sur Facebook avec un portrait la représentant sous forme d'une vieille dame d'allure semblable à une revenante car défigurée avec une poitrine ossifiée qui extériorisait les côtes qui étaient peints en noir. Bref, l'image représentant ma collègue était non celle d'une personne mais plutôt celle qui correspondrait à un vampire. C'est avec cette image que les invitations avaient été lancées et il n'y a que Mbuma qui était étonné car pour les autres c'étaient la tradition et chacun se préparaitpour revêtir sa parure selon son goût.

Le jour d'Halloween était un jour ordinaire pendant la journée. Pas de manifestation particulière à part les gens qui accouraient par ci par là pour faire les derniers achats pour la grande soirée. Et le soir venu, tout le monde devraient enfin se masquer et porter les tenues appropriées pour la fête. Comme pour tout évènement, les récalcitrants ne manquent pas mais la majorité des Américains ont leurs tètes enfoncées dans cette tradition qui date des siècles dans l'Europe médiévale.

A la fête chez sa collègue, Mbuma a vu toute sorte de déguisement. Certains en chat, d'autres en chauves-souris, d'autres encore en hiboux ou en chouettes, d'autres en des monstres imaginaires qu'on trouve dans des films qui invoquent la mort. Il y avait une musique en sourdine évoquant si pas la magie alors la sorcellerie. Peut être tirée du film Harris Potter au royaume des sorciers. Un non initié comme Mbuma n'avait qu'à trembler de peur en entrant dans cet environnement. C'est juste parce qu'au milieu des collègues et qu'il savait du moins qu'il était dans une sorte d'œuvre dramatique qui devrait durer dans le temps ne dépassant pas 24 heures. Déjà à l'entrée de la parcelle, il y avait des décorations faites de petits cranes en plastic de plusieurs couleurs, d'autres statuts étaient suspendus sur un fil en nylon et ces statuts ne représentaient rien que les images de la mort. A l'intérieur de la maison il y avait des figurines des monstres, des squelettes, des ossements humains et des masques terrifiants. Un peu à côté de la maison se dressait trois zombies (ces grandes formes humaines représentant les revenants et des races différentes). Ailleurs au fond derrière la maison se dressait du feu du bois préparé pour cette fin.

A part les déguisements par les costumes funèbres, les décorations invoquant la mort, la musique funèbre, dans cette fête il n'y avait rien d'autres de particulier. On servait la bière dans des grandes cruches, du vin, et quelques snacks que les invités amenaient chacun à son goût. Le feu avait servi pour cuire une galette spéciale préparée à cette fin et chaque invité avait la possibilité de griller sa galette sur une de broches en place pour l'occasion. Il n'y avait ni discours ni de présentation des invités, chacun venait à son temps, se servait de ce qu'il voulait, saluait le monde qu'il rencontrait et ainsi de suite. La cérémonie s'est clôturée tard dans la nuit avec des photos prises aux cotés de ces zombies selon le souhait de l'hôte de l'évènement.

Mbuma avait bien observé depuis les préparatifs de l'évènement tout au long du mois jusqu'à sa clôture en cette dernière date du mois d'Octobre et il avait compris qu'il n'y a aucune culture qui peut se prévaloir évoluée, moderne, plus civilisée ou qu'en sais-je encore. Parce qu'à voir l'engouement que les Américains ont pour l'Halloween et les bizarreries et dépenses y relatives qui s'en suivent, c'est digne d'une société encore au Moyen-âge et non au 21e siècle. Pourtant, personne d'entre les Américains n'a cette perception. Au contraire tout est normal, tout est bon, tout rime avec la modernité parce que c'est comme ça qu'ils voient les choses. Ils ont été éduqués dans cette façon de vivre, ils ont vu leurs parents, grands-parents le faire et ils veulent voir leurs enfants continuer à le faire. Pour en gagner quoi ? Pour conserver la tradition aussi bizarre soit-elle car c'est lié à leur sang. C'est hérité de leur tradition et encré dans leur sang.

La fameuse journée réservée à tous les saints, le 1 Novembre, personne n'en parle ici et personne presque ne la connait sauf ceux qui fréquentent les églises qui en ont gardé la tradition. Au lieu de se consacrer aux saints, les américains ont bien préféré les esprits mauvais, les revenants, les monstres et autres objets de la magie ou de la sorcellerie. Des budgets énormes y sont consacrés et les enfants à bas âges sont préparés à perpétrer cette coutume et la passer à d'autres générations. Les églises chrétiennes ici ne voient rien du mal dans cette célébration. Au contraire, les chrétiens y participent autant comme tout le monde en décorant leurs maisons, en habillant leurs enfants des tenues de la terreur ou en invoquant la mort, en organisant des activités marquant cette cérémonie. Ont-ils raisons ? Ont-ils torts ? Ni l'un ni l'autre car c'est culturel et personne n'a le droit de juger une culture aussi bizarre soit-elle. La valeur d'une culture n'est pas liée à son universalité mais au fait qu'elle incarne le passé d'un peuple qu'elle transmet aux descendants et les valeurs y relatives. Mbuma a entendu des gens témoigner à l'église qu'ils ont bien célébré Halloween, cette fête plus proche du paganisme qu'elle ne l'est du christianisme.

10.2. Thanksgiving

La fête tire son origine en 1621 lorsque les explorateurs Anglais débarquent sur la côte est pour contempler eux aussi le Nouveau Monde qui venait d'être découvert.
Ces aventuriers européens sont appelés par d'autres comme des pèlerins mais en mon sens je ne pense pas que l'Amérique ait été une terre de pèlerinage et si ces messieurs et dames étaient réellement des pèlerins, ils auraient pu au terme de leur visite plier bagage comme dans toute mission de pèlerinage et retourner chez eux. Pourtant lorsqu'ils sont arrivés, ils ont vite apprécié le lieu en voyant aussi que le peuple rencontré était peu nombreux, accueillants, non conflictuels et militairement faible.
Ces amérindiens, lorsqu'ils ont vu les nouveaux venus débarquer ont été tout enthousiasmés et les ont accueillis de tout cœur. Au premier réflexe, il faudrait leur apprendre comme survivre dans ce pays. C'est pourquoi, les nouveaux venus ont eu des séances d'apprentissage d'agriculture, d'élevage et même initiations à la chasse traditionnelle. Ils ont appris non pas qu'ils ne connaissaient pas mais parce qu'ils avaient besoin de se montrer aussi gentils avec leurs hôtes mais aussi qu'ils voulaient profiter de l'expérience de la communauté locale pour vite maitriser le nouvel environnement et y prospérer. L'année qui suivit, les explorateurs européens ont eu de grandes récoltes comme prévus et ont eu le réflexe de remercier la

communauté autochtone pour l'accueil et l'initiation à l'agriculture et à l'élevage. Les indiens locaux sont venus à cette fête apportant ce qu'ils avaient pour célébrer de tout cœur cet évènement. Ce fut la première fête de Thanksgiving ou fête de la moisson. Au lieu que la fête ne se termine à cette première expérience, elle a continué à s'organiser chaque année pendant la même période. Les amérindiens avec le temps se sont rendus compte que les visiteurs venus en agneaux sont devenus les maitres des lieux car ils ont occupé toutes les bonnes terres et ont dépossédé de ces indiens leurs avoirs en les confinant dans des petites étendues de terre où ils devraient se débrouiller pour vivre. La fête quant à elle, a continué jusqu'à être consacrée comme une journée nationale plus tard lorsque les Etats unis sont devenus indépendants. Au début, elle pourrait se fêter pendant plus de 2 jours en signe de reconnaissance pour les bonnes récoltes. Comme à l'origine, la fête de Thanksgiving est une fête qui se célèbre en famille et qui regroupe un ensemble des menus dont la plupart est traditionnel reflétant même la tradition indienne de l'époque. Les patates douces hachées, la dinde rôtie, les choucroutes, les grains de maïs, la citrouille et tant d'autres. Si pour la majorité d'Américains, Thanksgiving est une fête très significative et incontournable vu son histoire, pour la majeure partie d'amérindiens, cette fête est une occasion de deuil et du ressentiment. Thanksgiving pour eux représente une trahison et une ingratitude des immigrants européens. « *Nous vous avions gracieusement accueillis* » se disent-ils, « *nous vous avions appris ce que nous connaissions, nous vous avions traité comme des amis mais vous vous êtes retournés contre nous. Vous nous avez maltraités et abusés de notre hospitalité* ». En effet, c'est à chaque Thanksgiving que les amérindiens se souviennent de l'histoire et qu'ils se rendent compte combien ils ont été trahis car jusqu'aujourd'hui, ils vivent toujours dans de petites chefferies isolées à l'intérieur du pays qu'ils gèrent de leurs manières comme des entités plus ou moins autonomes. Ils sont presque inexistants dans les institutions politiques, ils font encore face à l'analphabétisme et sont traités de façon particulière par rapport à d'autres Américains.

Quant aux pèlerins, ils sont devenus seigneurs des lieux et contrôlent toute chose, ils ont fait venir toutes leurs familles pour dominer et régner dans cette nouvelle terre qu'ils ont presque transformée en paradis n'eut été l'inégalité, l'intolérance sociale, raciale, l'exaltation de la propriété privée et le libéralisme démesuré.

❖

Mbuma a été invité à une de ces fêtes en novembre 2015 par certaines dames de sa petite église. Ils sont partis participer à une fête collective organisée dans un parc ou presque tous les membres d'une église et leurs familles avaient convenu de célébrer pendant cette année. Les gens faisaient la queue pour aller se servir, en écoutant un groupe musical local qui jouait à l'occasion. Pas de discours mais juste une occasion de reconnaissance et de partage surtout qu'ici les moments comme celui-ci où on partage entre familles sont rares. Comme la fête d'Halloween, Thanksgiving est une occasion de faire des dépenses énormes surtout en ce qui concerne la nourriture.

Comme pour les musulmans qui ne fêtent pas sans égorger un mouton à la fin du ramadan, les américains ne peuvent en aucun cas concevoir une fête de Thanksgiving sans dinde. Selon les familles d'autres choses ainsi variées peuvent suivre selon les goûts et les moyens disponibles. Même si en principe la Thanksgiving se fête le dernier Jeudi du mois de Novembre, les journées de Mercredi (la veille) et celle du lendemain sont aussi chômés. Dans certaines villes, c'est toute la semaine qui estchômées en commémoration de cette fête.

10.3. La fête de Noël

Les Américains aiment beaucoup les fêtes, il se peut qu'ils aient emmagasiné assez d'argent qu'ils sentent le besoin d'effectuer des dépenses pour que les poches encombrées respirent un peu. Normalement le dimanche qui suit la Thanksgiving coïncide avec le début des achats pour noël ou Christmas. Ici vous ne pouvez pas demander si Noël est proche car vous n'aurez pas besoin d'aller à l'église pour l'apprendre. Au contraire, tout le monde sait qu'après Thanksgiving c'est Noël qui commence. Les personnes les plus heureuses pendant cette période sont les enfants qui reçoivent de leurs parents des cadeaux de toute sorte. Si Noël est une fête à l'origine chrétienne, ici elle est devenue une fête séculière parmi tant d'autres car elle se célèbre par tout le monde peu importe qu'on soit croyant ou pas. L'évènement qui est commun partout, c'est le décor des maisons de l'intérieur à l'extérieur. Le sapin naturel est un élément qui enthousiasme aussi la culture américaine autour de la fête de noël. C'est pourquoi, les gens qui cultivent ces arbres font de l'argent pendant cette période car ici personne n'aime ces sapins fabriqués en matière synthétique. Pendant tout le mois de Décembre, les boutiques et magasins sont pleins d'articles relatifs à Noël et les gens affluent et se bousculent chaque jour pour faire des achats. C'est l'occasion pour les familles de se retrouver au complet car la majorité des personnes qui vivent loin de leurs familles rentrent pendant cette période pour fêter en famille.

La partie chrétienne de la fête occuperait le 1/10e de toutes les activités de cette période. D'ailleurs il y a beaucoup des familles pour qui cette partie n'existe pas. Elles savent que c'est une période où les maisons doivent être colorées d'une certaine façon, où les enfants doivent porter certains habits et avoir des cadeaux de père Noël, et que la famille doit se retrouver au complet en recevant fils et filles qui vivent au loin. Quelle est la durée des festivités de noël ?

10.4. La Saint valentin

Il est vrai qu'en Afrique on parle de plus en plus de Saint valentin disait Mbuma, mais là-bas c'est quelques personnes qui en parlent et ils en parlent timidement. C'est comme si c'est une histoire qui était passée il y a plusieurs années, une histoire dépassée dont certaines personnes cherchent à faire revivre les souvenirs. Pourtant au pays de Donald Trump, saint valentin c'est presqu'une journée fériée. Il faut voir comment les gens sont embarqués dans les préparatifs pour cette journée. Il faut voir comment les magasins changent de décor pour cette journée. Ce qui intéresse c'est de voir comment les personnes de tous les âges sont surexcitées à organiser quelque
chose pour cette journée. Les maisons ne manquent pas d'en profiter pour accueillir des ballons en forme de cœur symbolisant l'amour au milieu du foyer. Loin d'être une fête typiquement érotique, la fête symbolise finalement l'amour dans tous les trois sens (agape, éros, et philia) c'est pourquoi les parents songent à leurs enfants ce jour-là, les bienfaiteurs doivent poser un geste d'amour et bien sûr pour les vrais bénéficiaires de la journée, les amoureux se sont tant de choses, des surprises et d'évènements.

10.5. La Saint Patrick

Fête célébrée chaque 17 Mars, c'est en principe une fête catholique en l'honneur du saint patron de l'Irlande. Amenée aux Etats Unis par les migrants irlandais, la fête y a pris une allure d'un congé fédéral. Bien qu'elle ne soit pas un jour fériée, la journée du 17 Mars est reconnu par tous les Américains et se célèbre presque dans toutes les familles. Cette journée est reconnue par le port des vêtements avec une couleur verte en mémoire de saint Patrick dont le vert était la couleur de choix. A part les vêtements, la couleur verte est ramenée à toute sorte de chose de la vie commune des Américains dont les boissons, la nourriture, les jouets pour enfants et des gâteaux spéciaux consacrés pour ce jour. Comme pour les autres fêtes célébrées au pays, c'est l'aspect séculier qui l'emporte sur l'aspect religieux car c'est toute la société américaine qui se sent concernée par la fête peu importe sa signification et son histoire.

10.6. Le festival médiéval

Les Américains étant en majorité d'origine européenne, ils organisent annuellement des célébrations en mémoire des temps anciens dont le moyen-âge vécu en Europe par leurs ancêtres. Ces festivals prennent parfois des jours et s'organisent selon les dates indiquées au préalable et qui varient chaque année. Ce sont en principes des moments de détente pendant lesquels les festivaliers se déguisent et portent des vêtements selon le style du moyen-âge. Les casques, les cuirasses, les toges du moyen-âge et épées sont arborées par les festivaliers. La nourriture selon le style du moyen-âge est servie pendant qu'une musique ancienne agrémente ces moments.

Parfois pour assister au festival, il y a des frais y relatif qui varient selon les villes et les années. En Floride, dans la ville de Gainesville, le festival médiéval a eu lieu en Mars 2016 pendant deux jours et coutait 17 dollars pour chaque participant pendant que le même festival pour la ville de New York a eu lieu au mois de Septembre en date du 18 dans le parc Fort Tryon à l'extrême nord de l'île de Manhattan.

Contrairement au festival passé en Floride, celui de New York était gratuit et a connula participation d'environ 60.000 festivaliers.

11. Sur le chemin de l'Amérique avec le trésor scientifique

Mbuma avait pris le chemin de l'aéroport pour se rendre au pays de l'oncle Sam avec un colis très particulier dans sa main. Collaborant avec une équipe des chercheurs de l'Institut génétique de l'université de Floride, il devrait faire parvenir les échantillons d'ADN et ARN prélevés sur des femmes ayant accouché dans un hôpital à Goma en RDC en juin 2013. Ces prélèvements étaient faits sur du sang (sang du bébé et de la mère), la salive (mère et enfant), et sur les cheveux de l'enfant. Ces échantillons devraient être gardés au froid pendant le voyage pour éviter la destruction de l'ADN, de l'ARN et le cortisol qui devraient être dosé dans l'échantillon de la salive. Pour assurer la sécurité de ce colis qui était gardé dans un sac isotherme, Mbuma devrait le transporter comme bagage à main et y garder regard pour qu'il soit sûr que tout se passe bien. Une autre condition pour garantir l'arrivée de ce colis spécial était de ne pas autoriser qu'il passe au contrôle par un scanner. Les produits organiques transportés étaient non seulement thermolabiles, mais très vulnérables au rayon X qu'utilisent ces machines. Pourtant nous sommes à l'époque du terrorisme qui grandi de plus en plus et touche presque toutes les parties du monde et le scanner est le moyen le plus efficace de contrôler colis et marchandises dans tous les aéroports du monde. Mais pour Mbuma, il n'était pas question que son colis soit examiné de façon ordinaire en utilisant la technologie d'usage. Il s'était muni d'une lettre portant le cachet de l'Université de Floride et expliquant pourquoi le colis ne devrait pas passer au scanner mais plutôt suivant les instructions qui voulaient qu'il soit contrôlé à la main. Arrivé à l'aéroport de Kigali, il a présenté sa lettre aux services de sécurité qui l'invitait d'avancer avec le colis vers la machine.

- Ce sac disait-il aux agents, ne doit pas passer au contrôle de cette machine. Les agents lui ont regardé d'un œil étonné pensant qu'il osait badiner avec eux car pour eux, il était inimaginable qu'un quelconque sac puisse déroger à la règle. Nous sommes à l'ère du scanner, d'ailleurs nous venons à peine d'avoir de nouvelles machines dans cet aéroport et nous savons qu'elles sont le moyen le plus fiable pour vérifier le contenu douteux des sacs des voyageurs et toi tu veux nous défier ?
- Voici la lettre qui explique ce que je dis, à l'intérieur de ce sac il y a des échantillons d'ADN qui vont en Amérique pour être examinés dans un laboratoire de génétique. Ils peuvent être détruits par votre machine. Veuillez vérifier le contenu du sac à l'aide de vos yeux en sachant aussi qu'il doit être gardé au froid pour ne pas être détruit par la chaleur de l'air ambiant.
- Tu es médecin ?
- Non, je suis chercheur. Tu es sûr de ce que tu dis ? Ta lettre ici ressemble à unecopie, où est l'originale ?
- C'est une lettre qu'on a envoyé par e-mail, moi j'ai juste imprimé la copie quevous avez.
- Mais ta lettre n'a pas aussi de seau ? Comment nous allons croire à l'authenticité d'une lettre sans seau ?
- Aux Etats unis on n'utilise pas beaucoup le seau, vous pouvez voir l'entête de l'université et la signature du chercheur principal qui a mis aussi tous ses contacts.
- Attends là-bas, nous allons voir ton cas avec les chefs de l'aéroport.
- Le suivant peu passer, toi tu attends que nous puissions informer la hiérarchie de ton cas si non tu ne peux pas voyager sans que ce colis ne passe au scanner à moins que nos autorités nous accordent une permission de contrôler à la main.

C'est comme cela que Mbuma a été mis de côté pendant que le check in avait déjà commencé, il était avec un collègue britannique qui voyageait pour une autre mission et ils devraient faire route ensemble, vu cet incident, le britannique, lui, a avancé pour continuer les formalités de voyage ne sachant pas comment il pouvait intervenir pour son collègue congolais. Lui-même d'ailleurs avait des doutes si ce sac pouvait être autorisé d'embarquer dans l'avion sans avoir été analysé par ces fameuses machines dont la technologie était vantée par tout le monde. Après quelques coups de fil, l'officier qui avait demandé à Mbuma de patienter en attendant qu'il se concerte avec sa hiérarchie a donné l'ordre à un de ses agents pour qu'il puisse enfin vérifier le contenu du sac douteux à la main parce que son supérieur le lui avait autorisé. C'est comme cela que Mbuma avait dépassé cette barrière en se demandant comment serait la suite du voyage. Heureusement pour lui, le check in continuant toujours, il s'est mis à la queue pour poursuivre avec le processus de voyage. Ces policiers qui faisaient le contrôle étaient au même moment parti alerter la compagnie Néerlandaise dont l'avion devait transporter Mbuma et son bagage. Voyant la copie de la lettre le chef d'escale était lui-même venu trouver Mbuma là où il faisait la queue avec tous les autres passagers.

- Monsieur, c'est toi qui a un colis contenant du sang ? Non, ce n'est pas du sang. Ce sont des échantillons d'ADN prélevé sur du sang bien sûr mais traité de manière qu'ils ne peuvent plus être capables d'infecter une personne.
- Je regrette, vous n'avez pas annoncé que vous portez un colis spécial. Vous ne
  pouvez pas monter à la cabine avec un tel colis sans la permission de notre siège à Amsterdam. Venez à mon bureau, on va voir ce qu'on peut faire pour vous. En attendant. Mbuma qui venait d'échapper aux intimidations des agents de la sécurité s'est encore vu coincé cette fois par l'agence de voyage elle- même.
- Monsieur, lui disait le patron local de KLM, nous ne croyons qu'aux instructions de nos chefs et nous ne suivons que leurs recommandations. La procédure exige que tu puisses décrire ton colis et son contenu et envoyer à Amsterdam pour qu'il donne l'autorisation d'embarquer 48h avant le vol. Comme tu vois, il n'est pas possible que tu demandes la permission tout de suite et l'obtenir. Maintenant il fait nuit et à Amsterdam les bureaux doivent être fermés. Ce que tu dois faire, tu dois rentrer à la maison avec ton sac, tu reviens demain dimanche pour voir nos agents, je vais leur instruire pour te faciliter la demande d'autorisation. Tu ne pourras prendre l'avion que le lendemain car c'est impossible que le processus se termine demain. Je suis désolé, je n'ai pas une autre alternative pour toi.
- Monsieur, savez-vous que je ne suis pas de cette ville et que mon colis est très fragile ?
- Tu vas chercher la solution en ville. Moi je n'ai pas une alternative pour toi. Reviens demain pendant la journée, tu vas compléter des formulaires à envoyer à Amsterdam et attendre l'autorisation. C'est seulement avec ça, que tu pourrasprendre notre avion.

Pendant que Mbuma était encore en train de discuter, il a senti le vrombissement du gros Airbus 330-200 de la compagnie Néerlandaise qui venait de décoller. Il venait de rater son avion, pourtant c'était son premier voyage de cette ampleur car il n'avait pas encore quitté le continent. Le regret au cœur, il se demandait ce que devrait être la suite. Il essayait de contacter l'université de Floride pendant qu'il faisait face aux défis liés à son bagage, il savait aussi que son voyage n'avait aucun sens sans ce colis car il était vital pour les chercheurs qui l'attendaient del'autre cote de l'Atlantique.

Mbuma est finalement rentré en ville pour chercher une place à l'hôtel le plus proche de l'aéroport mais il avait un bagage qui lui valait une attention particulière. Il ne devrait loger qu'à un endroit où on pourra accepter de décharger le contenu de son bagage à main dans un congélateur pour permettre la survie de ces échantillons en attendant que la solution soit trouvée avec la compagnie Néerlandaise.

Deux jours plus tard, Mbuma a pu prendre place dans l'avion KLM à destination de l'Amérique en passant par Amsterdam. En atterrissant en Hollande le lendemain matin, il devrait changer d'avion pour continuer le reste du voyage dans un avion Américain ayant un partenariat avec la compagnie Néerlandaise. A l'aéroport d'Amsterdam, les mêmes complications Africaines ont recommencées en ce qui concerne le bagage à mains, c'est dire les agents de sécurité de Delta, la compagnie Américaine ont aussi émis beaucoup des réserves en ce qui concerne l'admission du colis problématique dans leur avion, avant eux, comme à Kigali, la sécurité de l'aéroport avait elle aussi fait beaucoup des discussions avant d'autoriser que le bagage soit contrôlé à la main, ils ont appelé différents chefs pour qu'ils donnent leurs avis. Mbuma lui-même avait été sévèrement contrôlé comme un suspect terroriste. Différemment de tout autre voyageur, il a été soumis à plusieurs tests, fouilles dans les habits, prélèvements sur la peau. Check systématique des souliers pour la recherche d'une moindre suspicion.

Heureusement pour lui, tout était négatif, et c'est pour cela qu'il avait été autorisé de continuer mais en arrivant devant les agents de sécurité qui travaillaient pour la compagnie américaine, pendant qu'il pensait que le calvaire était fini, une autre fouille encore plus sévère a recommencé avec beaucoup de questions relative à la sécurité. Pour eux, il ne fallait pas faire passer un probable terroriste et lui donner la chance de fouler le sol américain. Si la police Néerlandaise n'avait rien trouvé sur lui, ça n'empêchait que nos amis de G4S travaillant pour Delta ne puissant revérifier chaque détail car on ne sait jamais. Mbuma n'était pas donc au bout desa peine.

Ce premier voyage sur le sol Américain en transitant par l'Europe était plus que frustrant. C'était une expérience très difficile. Il était seul, sans téléphone, sans internet, il se démenait comme il le pouvait, pourvu qu'on puisse le laisser continuer son voyage.

En atterrissant à Atlanta en Géorgie, Mbuma a fait les procédures administratives d'entrée comme tout le monde. Il avait tout ce qu'il faut pour ne pas s'inquiéter de ce premier contrôle. Les passagers avant d'être contrôlés par la police devraient être exposés aux chiens renifleurs afin que ceux-ci puissent donner le rapport à leurs maitres concernant le nouveau venu. Il fallait juste garder le sang-froid devant ces canidés qui pouvaient sauter sur chaque nouveau venu, sur son sac pour vérifier j'espère la présence de la drogue. Mbuma a passé cette étape sans être inquiété et s'est présenté devant les agents de l'immigration. A sa grande surprise, l'interrogatoire a recommencé à zéro, c'est-à-dire les mêmes questions posées déjà à l'ambassade avant l'octroi du visa, les mêmes questions que les différents agents de sécurité avaient déjà posées à chaque escale. Il ne fallait pas donc se fatiguer de raconter la même histoire plusieurs fois et d'exhiber la pile des documents vous accompagnant et vous permettant de piétiner le sol américain.

Pourquoi es-tu venu ? Qui t'a appelé ? Quand est-ce que tu vas rentrer ? Qu'est cequi nous garantit que tu vas rentrer ? Etc.

Après avoir répondu à ces genres de questions, Mbuma a été autorisé de continuer son voyage. Malheureusement pour lui, il devrait prendre un autre avion pour continuer vers sa destination finale. Il fallait donc passer encore une fois au poste de contrôle avant d'arriver vers la salle d'attente conduisant à la porte d'embarquement. Pour cela, il devrait encore une fois expliquer pourquoi son bagage à mains ne devrait pas être contrôlé en utilisant la machine. Comme pour tous les postes de contrôle, il fallait expliquer, réexpliquer et être en mesure de convaincre car oser déclarer qu'un bagage ne pouvait pas être analysé par la machine suscitait toutes les suspicions du monde. Il fallait contrôler tout le monde d'abord avant de retourner au pauvre Mbuma que les policiers considéraient comme un cas particulier et suspect, surtout qu'il venait d'Afrique, au pays de la merde comme le dira plus tard son excellence Donald Trump, lui qui ne mâchait pas ses mots. Je pense que si Mbuma venait du Maghreb, du Sahel ou de la corne de l'Afrique la situation devrait être pire. Lui-même après la série des contrôles intimidants de l'Afrique, comme en Hollande, il était en quelque sorte habitué et se préparait déjà à faire face à la rigueur de la police. Comme partout ailleurs, il fallait que les agents de control appellent leurs supérieurs par téléphone, et qu'ils expliquent le cas particulier de Mbuma et attendent leur feedback. Et c'est seulement après leur avis favorable que le bagage de Mbuma pouvait être contrôlé à la main. Mais en plus du bagage conflictuel, tous les autres effets personnels de Mbuma devraient attirer l'attention des agents et malgré qu'ils aient été contrôlés au scanner, il faudrait encore les déverser, les contrôler minutieusement avec d'autres appareils.

Après un contrôle de plus de 40minutes, Mbuma a été autorisé de continuer vers la salle qui conduit au terminal d'embarquement. Malheureusement pour lui, l'avion qu'il devrait prendre avait déjà décollé. C'était son premier long voyage, de l'Afrique en Amérique, un voyage très fatigant parce que très long (16h moins le temps d'escale) plein des frustrations, d'intimidations, d'imprévus et d'inconnus.
Après avoir raté sa connexion suite au long contrôle de ses bagages, il est parti s'adresser aux agents de la compagnie qui étaient au guichet tout prêt pour leur demander la conduite à tenir comme l'avion était déjà parti. Ne vous en fait pas monsieur, il y a un autre avion dans deux heures. Mbuma a regardé sa montre, il était 17h05 minutes, heure locale. Il fallait attendre 19h00 pour décoller d'Atlanta vers Gainesville pour un vol de soixante minutes. Il a regardé son bagage qui contenait le trésor scientifique, pour enfin hocher la tête. Car il savait que son bagage contenait des produits qui ne résistaient pas à la chaleur même ambiante et avec toutes les tracasseries du voyage, le temps d'arrivée ne faisait que s'allonger, c'était compliqué pour lui. Mais il n'avait pas d'autre choix que d'attendre. C'était le seul moyen qui lui restait. Deux heures plus tard, Mbuma prenait son avion final lui amenant vers sa destination. Après les quelques minutes de vol, ils ont atterri au petit aéroport de Gainesville. Le fait qu'il avait raté l'avion qui devrait l'amener à Gainesville deux heures auparavant avait perturbé la personne qui devrait venir le récupérer à l'aéroport. Celle-ci était arrivée, a attendu son visiteur parmi les passagers, mais en vain. Ne sachant pas contacter celui-ci, elle est juste partie demander aux agents de la compagnie d'aviation qui lui ont dit qu'elle puisse juste essayer de rentrer et tenter de voir si le passager en question ne viendrait pas par la dernière correspondance. Et c'est ce qu'elle a fini par faire car en rentrant au deuxième tour, elle a trouvé que son bagage était bel et bien arrivé et se trouvait entre les mains de Mbuma. C'est comme cela que Mbuma a été recueilli de l'aéroport et conduit tardivement à sa chambre après une escale au laboratoire de génétique de l'Université de Floride où il devrait laisser ses échantillons dans les congélateurs qui attendaient car apprêtés depuis longtemps.

12. Mbuma et sa culture dans son for intérieur

Mbuma observait les Américains et se demandait comment il pouvait les décrire surtout sur le plan émotionnel. Pour lui, les Américains étaient très émotifs, très sentimentaux car rien ne les arrêtait à exprimer leurs sentiments peu importe le moment ou le lieu. Son premier étonnement est arrivé à Orange Hill, ce cimetière où il était parti accompagner une famille membre de son église qui enterrait un de leur, décédé brusquement dans sa jeunesse. Là-bas, pendant que tout le monde suivait le service funèbre, Mbuma a constaté à quelques pas de lui, un jeune couple debout comme tout le monde mais dont les gestes étaient intéressants pour cet étranger. En effet, au lieu de suivre le cheminement des cérémonies, le couple paraissait être dans un jardin érotique et s'embrassait amoureusement. Tantôt c'est l'homme qui caressait sa compagne au dos, tantôt c'est la femme qui répondait par un baiser amoureux, faisant presque fi de la situation ou ignorant la cause pour laquelle on était là.
Pourtant il était difficile de perdre de vue car devant ce petit groupe réuni, s'imposait un grand cercueil étendu sur un planché. Et en ce lieu, il n'y avait aucun geste érotique, aucune parole excitante, ni circonstance en mesure de stimuler les sentiments d'amour pour ce couple. Mais ce couple semblait ignorer tout le monde et la circonstance qui réunissait ce groupe en ce lieu. On dirait qu'ils étaient dans leur

chambre ou tout au moins dans leur salle de séjour où ils pouvaient bien s'adresser des gestes intimes sans gêner l'assistance. En Afrique, un geste pareil est non seulement inadmissible mais un tel couple peut risquer d'être molesté avant même la fin de la cérémonie car considéré comme en train de célébrer le décès d'un être cher pour la communauté. C'est donc une profanation et une injure contre la personne dont tout le monde honore la mémoire.

Curieux de ce phénomène, Mbuma, apres avoir assisté à ce phénomène rare ce jour de deuil, a continué d'observer les comportements des couples surtout en public pour savoir s'il était en face d'une exception à Orange Hill. Mais la plupart des fois, le constat était le même. Bien sûr les autres occasions n'ont jamais été totalement identiques à celle qui avait attiré le plus d'attention car c'était au cours d'une cérémonie de deuil. A l'église par exemple, les couples qui s'assoient ensemble ne cessent de se caresser en plein culte et ceci est un phénomène normal car personne ne s'en émeut sauf le regard d'un étranger. Le même phénomène est observé dans les bus, et dans tous les endroits publics. Ce que Mbuma n'avait pas encore constaté est que la plupart des gens exprimant librement leurs sentiments de façon exagérée en public étaient presque tous de la race blanche.

Un jour, Mbuma a eu l'opportunité d'observer deux femmes qui étaient venues à l'église avec chacune sa petite fille âgée entre 5 et 6 ans. Elles étaient devant lui et il y avait deux bancs qui le séparaient de ces femmes et leurs enfants. Une femme était Afro américaine et l'autre Américaine d'origine européenne probablement. Ce qui a attiré l'attention de Mbuma était les interactions entre mère et fille pour les deux femmes. En effet, la femme de couleur était assise le regard fixé vers l'autel trop attentive à ce qui se passait. Sa fille assise à côté d'elle également essayait de suivre autant que possible mais parfois elle perdait l'attention et commençait à jouer silencieusement avec quelque chose qu'elle tenait en main sans avoir l'instinct de s'adresser à sa mère qu'elle voyait très concentrée car attentive à la prédication. La maman pouvait jeter un regard furtif à sa fille sans lui adresser une parole et se retournait vite pour suivre les enseignements.

L'autre maman blanche à coté, elle aussi essayait de suivre ce qui se disait devant. Seulement elle ne quittait pas du regard sa fille et celle-ci était chaque fois penchée vers sa mère en s'appuyant sur sa poitrine, la sollicitait régulièrement du regard et lui tendait les mains, la maman incapable de résister répondait chaque fois par un baiser et pendant les 60 minutes du culte, elle doit avoir échangé des baisés avec sa fille à peu près 10 fois. Pourtant sa collègue juste à côté était très calme avec sa fille et agissaient comme agirait une femme vivant en Afrique. Mbuma était bien étonné de cette différence d'attitude entre les deux femmes et leurs enfants. Bien que vivant toutes dans un même environnement depuis leur enfance, l'une a un comportement totalement contraire à l'autre par rapport à l'expression des sentiments en milieu public et dans le cas d'espèce à l'église. Le comportement affiché par l'Afro américaine est un comportement typique de la culture africaine qui considère que certains sentiments ne peuvent être exprimés que dans un cadre particulier. Avant d'exprimer un sentiment selon cette culture, vous devez voir l'environnement dans lequel vous vous trouvez. Si non, vous vous abstenez d'exprimer ce sentiment en attendant que le temps soit favorable. Comment cette femme a pu garder une 'valeur' africaine pourtant descendante d'une génération qui a vécu en Afrique il y a plus de 100 ans ? Y a-t-il des facteurs génétiques que porte cette femme qui font qu'elle agisse sans le savoir comme agiraient ses consœurs ayant été éduquées dans la culture Africaine? Je suis convaincu que vivant dans le même environnement que sa collègue blanche, elle apprend les mêmes valeurs culturelles de son pays : les Etats Unis ; mais ayant des origines africaines, elle en garde des traits qu'elle exprime parfois inconsciemment et cela se remarque même dans le comportement de sa fille qui semblait comprendre qu'à l'église on devrait d'abord s'oublier et penser à quelque chose d'autre sachant qu'après, on pourra revenir à la vie normale chose presqu'impossible pour les blancs, ceux descendant de la culture européenne qui expriment leurs sentiments et émotions partout comme ils veulent se moquant de ceux qui sont dans leur environnement et sans se rapprocher quoi que ce soit.

13. C'est bizarre la façon dont ils pleurent leurs morts

Mbuma avait appris que dans la petite église méthodiste qu'il fréquentait, il y avait un décès brusque d'un jeune homme. Il a, comme c'est de la coutume dans sa culture, décidé de participer aux cérémonies organisées dans le cadre de ce douloureux évènement. Toutes les activités y relatives condensées dans un seul jour. La levée du corps de la morgue, l'inhumation, ainsi qu'un diner de clôture du deuil. Mbuma n'a pas été à la morgue, et il se peut que seul les membres de la famille pouvaient y aller avec l'agence louée pour organiser les cérémonies d'inhumation. En effet, différemment de ce qu'il avait l'habitude de voir dans sa coutume Africaine, ici la famille paye une agence funéraire pour s'occuper du corps depuis la morgue jusqu'à la fin de l'enterrement. Les membres de la famille, les amis et les proches sont juste là à observer comme tout le monde le déroulement des évènements. Pour les chrétiens, l'église aussi est invitée comme observatrice et à l'opportunité d'organiser un petit service avant l'enterrement. C'est ainsi que Mbuma est parti avec certaines femmes de sa congrégation pour assister aux cérémonies organisées à Williston dont l'inhumation précédée d'un petit culte méthodiste (dirigée par le pasteur Ryan assisté par Mme Shirley). Au cours de ce culte, madame Shirley a partagé un petit témoignage sur la vie de ce jeune homme (35 ans) qui imprévisiblement et subitement venait de rendre l'âme quelques jours avant. Alors qu'en Afrique le grand rôle des femmes pendant les cérémonies de deuil se résument la plupart des fois par des cris et le versement des larmes pour pleurer le défunt, montrer la tristesse, sympathie pour le reste de la famille, au cimetière Orange Hill, c'était le contraire, les femmes qui étaient là ne présentaient aucun signe de sanglot, moins de cris ou de versement des larmes. Au lieu de cela, elles étaient toutes calmes et suivaient attentivement comme tout le monde ce qui se passait autour du grand cercueil noir placé au-dessus d'une plate-forme à côté d'un caveau préalablement préparé. C'était presque inadmissible pour Mbuma car dans sa culture même à certains moments il arrive que même les hommes perdent leurs concentrations et se retrouvent en train de crier comme des enfants car ne pouvant plus être en mesure de lutter contre l'ampleur de l'émotion. Surtout lorsqu'on est en face d'un corps d'une jeune personne sur qui tous les regards étaient encore fixés par rapport à ses potentialités. Mbuma faisait tout pour cacher son étonnement en gardant son calme et en tachant de ne pas avoir un regard étonné. Une autre chose avait attiré son attention pourtant, le service protestant venait de se terminer et il ne restait que la mise en terre du corps de l'infortuné. Le président de la cérémonie avait pris la parole pour remercier tout le monde qui était venu participer à l'évènement. Il a ensuite annoncé que tout était fini, et que les gens pouvaient bien rentrer à la maison, et que ceux qui le voulaient, pouvaient aller participer à un diner offert dans ce cadre dans la cité de Williston au sein de la paroisse Méthodiste locale. Pourtant dans sa culture africaine d'où il venait, on ne peut quitter le cimetière que lorsque le corps est déposé dans la tombe et tout le monde doit être là car c'est la partie ultime de la cérémonie. C'est le moment de présenter les derniers adieux à la personne disparue comme c'est le seul moment où la famille, les amis, les proches, les collègues ont encore la chance de voir ce corps étendu dans une bière. D'ailleurs la plupart des traditions exigent que les membres les plus proches jettent chacun une poigné de poussière dans la tombe comme un signe d'accompagnement de l'être cher qu'ils venaient de perdre. D'ailleurs cette étape est toujours précédée par une autre le plus souvent en la résidence familiale du défunt où toutes les personnes présentes sont invitées à jeter un dernier coup d'œil au visage du défunt qui est exposé peu importe qu'il ne soit plus beau à voir selon les circonstances du décès et les nombres de jours précédant cet évènement. Ici, pendant que le corps était encore là devant tout le monde, dans ce cercueil de couleur chocolat, les gens ont été priés de se retirer pour retourner car la cérémonie était clôturée. Sommes-nous venus participer à un culte funèbre ou pour enterrer notre frère, se demandait Mbuma. Comment les gens peuvent-ils se sentir tranquilles de rentrer pendant que le corps est encore là. Pourquoi ne fallait-il pas attendre et voir comment l'agence qui devrait se charger de la mise en terre fasse ce travail en notre présence afin que nous puissions être en mesure d'immortaliser cette phase si importante de la vie humaine ? Pourquoi avons-nous donné à cette agence autant de confiance jusqu'à lui confier l'organisation de toute la cérémonie ? Pourquoi nous précipiter de rentrer, juste parce qu'on a confiance avec Knauff Funeral cette agence spécialisée dans l'organisation des cérémonies funèbres? Qui sait si parmi les agents il y avait quelqu'un qui avait un contentieux avec le défunt et cherchait un moyen de se venger ? Qui sait alors si la dépouille mortelle ne serait pas profané juste quand nous leur avons tourné le dos, car personne de la famille n'est resté, tous nous étions au diner pendant qu'en ce moment notre agence se chargeait de faire le reste et le plus important de la cérémonie.

Nous sommes donc partis assister au dîner de clôture, présidé par quelques femmes dans la paroisse méthodiste locale à Williston. Mbuma y était conduit par Mme Shirley (celle qui avait co-présidé le culte funèbre); elle lui a expliqué le long de la route, la façon dont certaines questions de culture locale par rapport à l'organisation du deuil. Ils ont eu un petit débat d'échange sur ce qui se ferait en Afrique, par exemple, il devrait y avoir une photographie agrandie de la personne décédée à côté du cercueil pour permettre aux amis et proches d'avoir la dernière représentation de la personne perdue et pouvoir aider aussi d'autres personnes participant à la

cérémonie de deuil, et n'ayant pas eu la connaissance du défunt, d'avoir dans leur esprit l'image de celui qui est décédé. Au cours de ce dîner, Mbuma écoutait le dialogue dans cette salle, et personne ne parlait plus de la circonstance, du décès pour lequel nous étions rassemblés dans ce lieu. Son objectif principal était celui d'assister à cette cérémonie pour compatir avec un membre de l'église frappé par le deuil mais aussi pour comprendre quelles étaient les différences culturelles en rapport avec le deuil tel que vécu en Afrique et dans cette autre partie du monde. Mbuma avait compris que bien que la mort soit un évènement douloureux dans les deux cultures, elle était vécue un peu différemment. Ici la mort est un peu banalisée par rapport à ce qu'on voit en Afrique. Le deuil est un petit évènement qui prend quelques heures et qui se fait dans la grande intimité n'engageant que quelques personnes parmi les plus proches. Les veillées mortuaires, les cérémonies d'adieu à l'église, au travail, en famille, au cimetière, le deuil (larmes) lui-même est presque inexistant faisant de cette cérémonieun évènement presqu'ordinaire.
Mbuma avait aussi une autre raison d'être là, celle d'un chercheur en anthropologie cherchant à comprendre les rôles des femmes dans une église chrétienne. Et là encore il a compris qu'elles étaient très actives dans toutes les activités de l'église dont l'organisation de ce service autour du décès d'un membre de la congrégation. Dans cette recherche, il n'avait prévu de parler de la place de la femme dans le deuil car n'envisageait pas assister à un deuil pendant la période de son étude. Mais comme la mort n'avise pas, elle était venue pour ajouter cet élément à d'autres qui intéressait le jeune chercheur. Ceci a confirmé la remarque de Stacey (1988) qui elle aussi constatait précédemment lors d'une autre recherche où un de ses informateurs avait trouvé la mort. Comme chercheuse, et elle s'est demandé ce qu'elle pourrait faire des enregistrements du défunt après son décès. Pourrait-elle les déconsidérer ou justement les utiliser même en sachant que la personne ressource n'était plus?
Pourtant elles contenaient des informations précieuses à l'avancement de sa recherche mais potentiellement blessantes pour certaines personnes. Elle a été confrontée aussi bien avec la prise de conscience du fait que le chercheur se retrouve parfois dans une situation délicate de profiter d'une tragédie. Non seulement l'enterrement et le processus de deuil de la famille ont servi au chercheur qu'était Mbuma comme autre « opportunité » de recherche, mais aussi la mort a libéré d'autres vérités nécessaires pour la connaissance de cette nouvelle culture pourMbuma.
Quelques jours après cette cérémonie macabre, l'église de Mbuma avait décidé de faire un autre geste pour honorer la mémoire de Christopher, le jeune homme qui était décédé en Novembre 2015 à Gainesville et enterré au cimetière d'Orange Hill, près du faubourg de Williston. Ce geste consistait à planter un arbre en sa mémoire. C'est ce qui a été fait le 11 Janvier 2016 en face de l'église méthodiste unie du Sud-

ouest à Gainesville. Cette cérémonie a eu lieu après le culte ordinaire du dimanche matin en présence des fidèles et de quelques membres de famille. Après la mise en terre de cette plantule, une planchette a été fixé à coté avec l'inscription : en mémoire de Christopher McLeod, né en Avril 1980 et décédé en Novembre 2015.

Récemment une thèse dont les recherches ont été menés à l'Est de la RDC a été publiée. Son auteur a argumenté que dans cette partie de la RDC les gens à force d'enterrer plusieurs morts de suite des conflits interminables, les nombreuses maladies, sont devenus insensibles à la douleur d'une perte humaine comme c'était avant dans les cultures locales. Elle aurait assisté aux cérémonies de deuil qui ressemblaient beaucoup plus à des évènements festifs ou les gens pouvaient danser, chanter et crier en se méfiant de l'évènement le réunissant.

Il est vrai que certains deuils aujourd'hui peuvent se confondre avec les occasions de réjouissance à l'Est de la RDC. Ces semblants de joie ne pourraient pas se confondre à la joie réelle ou à l'insensibilité par rapport au décès. La majorité des gens en RDC sont religieux et surtout chrétiens, et les églises encouragent leurs adeptes de considérer que la mort physique n'est qu'un passage, un changement d'état et donc celui qui meurt dans 'le Seigneur' ne meurt pas réellement et ne devrait pas être pleuré. Les églises sont dont dans la plupart des cas responsables des animations qu'on voit à l'extérieur au deuil en RDC. A ceci s'ajoutent les jeunes délinquants qui sont nombreux actuellement et qui attendent des cérémonies comme le deuil pour se faire connaitre. La plupart de ces jeunes sont alcooliques, habitués à la drogue et ont des comportements anti sociaux qu'on peut à tort ou à raison attribuer à la société dont ils sont membres.

Références

Baardwijk, M. & Franses, P. H. (2010) *The Hemline and the economy: is there any match*? Rotterdam: Economic institute

Baltazart, J. (2013) *Biologie de l'homosexualité. On naît homosexuel, on ne choisit pas de l'être*. Bruxelles : Mardaga

Bardiaev, N. (1985) *Le nouveau moyen-âge*. Paris : L'âge de l'homme

Camer (2015) *Afrique : union africaine : 93% de financement proviennent de l'Occident.* [En ligne]Accessible à :

http://camer.be/40611/12:1/afrique-union-africaine-93-de-financement-proviennent-de-loccident-.html

Fenner, L. (2011) *La fête de « Thanksgiving », une tradition chère aux Américains.* [en ligne] Accessible à : http://iipdigital.usembassy.gov/st/french/article/2011/11/20111116161723x0.9432446.html#axzz42GkTNd00

Gunn, C. & Fernandez, J. (2012) *Indoctrination : public schools and the decline of Christianity*. Lake forest: Master book

Larousse(2016)[enligne]http://www.larousse.fr/dictionnaires/francais/pudeur/64989#TXrwoFkfv7WVDFat.9 9

Le figaro(2016) *Le fiasco en Libye, ma «pire erreur» confesse Obama.* [En ligne] accessible à :

http://www.lefigaro.fr/international/2016/04/11/01003-20160411ARTFIG00350-le-fiasco-en-libye-ma-pire-erreur-confesse-obama.php

Le monde(2010) *Homosexualité innée ou acquise ? Un chercheur relance le débat.* [En ligne]Accessible à. http://www.lemonde.fr/planete/article/2010/02/04/l-homosexualite-est-genetique-selon-un-chercheur_1301366_3244.html#RDVLqSsP9AhEP2SD.99

History (?) July 4th. [En ligne]Accessible à : http://www.history.com/topics/holidays/july-4th

Stacey J. (1988) Can there be a feminist ethnography? *Women's studies internationalforum. 2(1) 21-27.*

Commentaires Arsène Maisha (1968-2018) au premier manuscrit

L'auteur avait demandé à Arsène de relire le manuscrit de ce livre dont l'ébauche existait depuis 2015. Ars a été arraché à la vie deux ans après et en reconnaissance de sa contribution, ses commentaires sont publiés intacts icidans ce livre

- je n'ai pas une expérience en matière de composition de ce genre, d'ailleurs je n'ai pas pu identifier s'il s'agit de que genre littéraire. Un roman ? Un travail scientifique ?

- Toutefois je suggère que Diva soit visible dans toutes les séquences ou chapitres

- La belle Diva devrait être une Américaine Blanche pour bien assumer ce rôle de choc de culture

- Vous n'étiez pas obligé de détailler le contenu et la nature de votre échantillon biologique. Vous pouviez simplementdire par exemple : un échantillon biologique sensible aux rayons LASER

- Le foyer à quatre plaque est fait pour être utilisé par une personne à la fois, chaque plaque ayant un rôle spécifique à jouer pendant la cuisine. N'est-ce pas que les quatre plaques n'ont pas toutes la même taille ?

- Vous êtes en train de comparer ce que vous voyez dans la petite ville de Gainesville à ce qui se passe partout en Afrique ? Il y a là un risque d'erreur d'appréciation. Vous pourriez comparer peut-être Gainesville à Goma en RDC, à moins que vous ayez réalisé vos observations dans tous les Etats-Unis pour les comparer à celles que vous réalisées à travers tous les Etats d'Afrique.

- Vos lecteurs ne comprendront certainement pas votre manque de sentiments envers Mlle Diva qui vous a proposé de travailler pour vous et qui vous a exposé tout son charme et toute sa beauté presque gratuitement. Vos lecteurs

Printed by Books on Demand GmbH, Norderstedt / Germany